21世纪经济与管理精编教材

金融学系列

金融工具模拟设计

Financial Instruments Simulation Design

李兆军 ◎ 主编

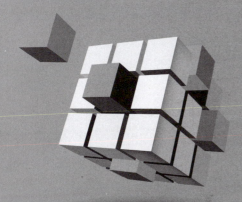

图书在版编目(CIP)数据

金融工具模拟设计/李兆军主编. —北京:北京大学出版社,2018.6
(21世纪经济与管理精编教材·金融学系列)
ISBN 978-7-301-29458-1

Ⅰ.①金… Ⅱ.①李… Ⅲ.①金融学－高等学校－教材 Ⅳ.①F830

中国版本图书馆CIP数据核字(2018)第070785号

书　　名	金融工具模拟设计 JINRONG GONGJU MONI SHEJI
著作责任者	李兆军　主编
策划编辑	张　燕
责任编辑	裴　蕾
标准书号	ISBN 978-7-301-29458-1
出版发行	北京大学出版社
地　　址	北京市海淀区成府路205号　100871
网　　址	http://www.pup.cn
电子信箱	em@pup.cn　　QQ:552063295
新浪微博	@北京大学出版社　@北京大学出版社经管图书
电　　话	邮购部 62752015　发行部 62750672　编辑部 62750667
印　刷　者	河北滦县鑫华书刊印刷厂
经　销　者	新华书店
	787毫米×1092毫米　16开本　10.5印张　242千字 2018年6月第1版　2020年6月第2次印刷
定　　价	29.00元

未经许可,不得以任何方式复制或抄袭本书之部分或全部内容。
版权所有,侵权必究
举报电话:010-62752024　电子信箱:fd@pup.pku.edu.cn
图书如有印装质量问题,请与出版部联系,电话:010-62756370

前　言

随着我国多层次资本市场的不断深入发展，金融工具创新和风险管理的需求不断增加。这就要求金融学专业的学生在学习现代金融学基本理论和基本知识的基础上，接受创新型金融工具设计方法、投资与融资操作、风险评估与管理的实操训练，培养综合运用现代金融学理论、现代工程技术和信息技术解决实际金融问题的基本能力。

在实训过程中，学生面临的主要困难有两个：一是如何获取数据并计算所需参数；二是如何选择适合的软件平台。因此，本教材更加注重数据处理的技巧和软件平台的选择，使学生可以更好地克服困难，在较短时间内迅速提高金融工具设计的能力。

本教材的特色在于以金融理论为基础，以金融问题为导向，以常用而简捷的工具软件为平台，从理论模型选择到数据处理，再到软件实现，详细讲述金融工具设计方法和操作步骤，力求每个实验都具备实训性、实用性和代表性，使学生能够较好地理解所学理论，较快地提升操作技能，培养既懂理论又能灵活运用专业知识进行实际操作的专业性人才。

本教材共分八章。第一章重点介绍金融工具设计的方法和步骤，以及常用的工具软件；第二章、第三章重点介绍债券和股票两类基础金融工具的模拟设计；第四章、第五章、第六章、第七章重点介绍几种主要的金融衍生工具的模拟设计；第八章重点介绍如何运用金融工具进行风险管理。

本教材适合金融专业本科生、MBA、证券从业人员、期货从业人员和企业资本运营和风险管理部门人员使用。使用本教材之前，应学习投资学、金融工程学、数理金融和金融衍生工具等课程。

全书由天津财经大学李兆军总体设计，具体写作分工如下：李兆军撰写第一章、第二章、第七章，姚爽撰写第三章、第六章，赵倩撰写第四章、第八章，郭鑫鑫撰写第五章。本教材得到天津财经学院重点建设课程立项的资助，天津财经大学经济学院金融系张元萍教授对本教材提出了很多宝贵的修改建议，北京大学出版社张燕老师对本书的出版付出了辛勤的劳动，在此一并表示感谢。

由于作者的学识和水平有限，本教材难免存在不妥和疏漏之处，敬请读者和同行给予批评指正。

李兆军

2018 年 1 月

目　录

第一章　金融工具设计基础及实验环境介绍 1

 第一节　金融工具的主要类型及特点 1

 第二节　金融工具设计方法概述 3

 第三节　金融工具设计的技术准备 8

 第四节　常用实验环境介绍 21

第二章　债券类金融工具模拟设计 30

 实验一　利率期限结构的计算——基于 Vasicek 模型 30

 实验二　债券的定价 34

 实验三　固定收益证券计算 37

 实验四　久期和凸性的计算 39

 实验五　美国运通 TRS 付款卡应收账款证券化案例分析 43

 本章参考文献 58

第三章　股权类金融工具模拟设计 59

 实验一　股票的定价 59

 实验二　求有效边界——应用黄和利曾伯格的方法 60

 实验三　估计 β 系数 66

 实验四　风格分析 70

 实验五　御食园上市估值案例分析 74

 本章参考文献 79

第四章　期货及套期保值模拟设计 80

 实验一　股指期货模拟设计——基于 Alpha 动量交易策略 80

实验二　国债期货模拟设计 ·· 82

　　实验三　钢材期货套期保值策略设计 ·· 90

　　实验四　股指期货套期保值策略设计 ·· 94

　本章参考文献 ·· 100

第五章　欧式期权模拟设计 ··· 101

　　实验一　简化二叉树欧式期权设计 ·· 101

　　实验二　JR 二叉树欧式期权设计 ··· 104

　　实验三　CRR 树欧式期权设计 ··· 110

　　实验四　布莱克-舒尔斯欧式期权设计 ··· 115

　本章参考文献 ·· 118

第六章　美式期权模拟设计 ··· 120

　　实验一　二叉树美式期权设计 ·· 120

　　实验二　布莱克-舒尔斯美式期权设计 ··· 125

　本章参考文献 ·· 131

第七章　期权交易策略模拟设计 ·· 132

　　实验一　期权交易策略——Covered Call ······································ 132

　　实验二　期权交易策略——Protective Put ····································· 136

　　实验三　期权交易策略——Bull Spread ··· 141

　　实验四　期权交易策略——Butterfly Spread ································· 145

　本章参考文献 ·· 149

第八章　金融工具风险管理 ··· 150

　　实验一　风险的度量——风险值 ·· 150

　　实验二　信用违约掉期（单资产）的估值——基于 FINCAD 分析套件 ·············· 155

　　实验三　"波动率微笑"风险管理——基于 SABR 随机波动率模型 ··············· 160

　本章参考文献 ·· 162

第一章 金融工具设计基础及实验环境介绍

【本章导读】

本章首先对金融工具的类型及特点进行描述，然后对本书所用到的实验环境进行了详细介绍。通过本章的学习，学生应该能够：

1. 掌握金融工具的主要类型及特点；
2. 掌握金融工具设计的理论基础；
3. 掌握金融工具设计的技术准备，包括金融数据库的种类及特点、数据处理软件及方法以及金融建模软件的比较与选择等；
4. 对常用的实验环境，包括 RESSET、QuantPlus Analytics 和 FINCAD 进行深入学习并熟练运用。

第一节 金融工具的主要类型及特点

金融工具代表的是持有者在未来获取一定现金收入的权利。金融工具种类繁多，这就意味着投资者在购买金融资产时面临多种选择。不过，这些金融资产之间所具有的差别大都源于其回报（收益）、风险、流动性和现金流时间模式的不同组合。尽管投资者对上述不同组合及其资产差异应该加以考虑，但是从其他角度对金融工具进行分类同样有助于理解。金融工具可分为三大类：股权（包括混合型工具）、债务和衍生工具，这三种类型反映了金融工具的本质特性。

一、股权

投资者在公司的股权通过所拥有的公司股票体现出来。公司所发行的主要股权形式是普通股，普通股持有者有权分享公司利润，通常以红利的形式分享一部分公司利润。股票持有者可能通过股票增值获得资本利得。公司普通股所有者拥有对于公司收入和资产的债权，不过这种债权仅限于残余价值。这意味着公司一旦倒闭，其他所有债权人和证券持有者的求偿权都将优先于他们，股票持有者只能在所有其他权利各方的索赔得到支付后才有权分享公司的资产残值（如果还有残值的话）。普通股代表的是对公司实际资产的求偿权，没有到期日，期限等于公司的寿命。普通股持有者在公司选举董事会成员时具有投票权。

股权的另一种形式是混合证券，优先股便是其中的一种。优先股虽然是股权融资的一种形式，但它与债务证券有许多共同特征。通常，优先股没有投票权，但有权在公司对普通股持有者进行任何支付之前先行获得一笔固定金额的支付。另外，一旦公司被清算，相对于普通股，优先股对公司资产的索赔具有优先权。可转换债券也被视作股权形式，因为持有者虽然不享受所有者权益，但拥有在未来某个规定时期内获取公司股票的权利。

二、债权

债务工具要求发行方（借款人）必须在规定的期限内支付确定的金额，如定期的利息支付和本金支付。公司发行的债务工具类型众多，包括有担保的公司债券、无担保的公司债券、定期贷款、商业汇票、本票、透支、抵押贷款和租赁。中央政府的债务工具有中长期国债（treasury bonds）和短期国债（treasury notes）。债务工具发行方及其债务的附加条件是区分市场上各种债务工具的重要属性。另一种债务工具区分办法是依据债务的期限。短期债务发行属于货币市场工具，而中长期债务发行则属于资本市场工具。

从法律上讲，当借款人对贷款偿付出现违约现象时，相对于股票持有者，债务工具持有者对于借款方的收入流及其资产具有优先求偿权。依据贷款合同的特性，债务可细分为两类：有担保债务和无担保债务。在大多数情况下，债务合同会清楚列明借款人或者第三方承诺作为担保物或者抵押物的那些资产。一旦借款人对贷款违约，出资人便有权占有那些资产以补偿欠款。无担保贷款则不然。

债务工具有时还可依据其所有权的可转让性来加以划分。可转让债务工具指的是那些作为适销证券能够轻松出售的工具，如商业汇票和本票。不可转让的债务工具指的则是那些法律规定不能加以销售的工具，如银行的储蓄账户。另外，银行的定期贷款通常也属于此类工具。

三、衍生工具

第三种金融工具即衍生工具（也称为衍生合约）已在金融市场上占据重要地位。衍生工具主要用于管理价格风险敞口，例如，借款人可能担心利率在未来上扬，因此希望锁定当前利率，以便降低风险敞口。衍生工具可用于管理像黄金和石油这样的实物产品以及那些对利率敏感的各种债权工具、货币和股票等金融债券所面对的价格风险。金融衍生工具的产生源于前文提及的两类原生产品市场（physical market）工具，即股权和债权。衍生合约共有四种基本类型：期货、远期、期权和互换。简而言之，衍生品的出现旨在为投资者手中的债权或者股权工具提供某些特定的具有虚拟性质的未来权利。

期货合约指的是按照当前的约定价格签署一份购买（或者出售）特定数量的某种金融资产或实物资产的协议。这种合约是在某个指定的未来时日通过一种反向操作来完成的，由此导致的利润（或损失）将用于冲抵现货市场资产的价格变化，从而使净资产价格接近于原始价格。期货合约交易必须在有组织的交易所进行。

远期合约类似于期货合约，但通常更加灵活，通过与商业银行或投资银行在柜台协商进行签署。签署远期利率协议的目的是锁定当前利率，如果在某个规定时期内利率发生变动，合约一方须向另一方加以补偿。借助远期汇率合约可以锁定在未来某个时期进行交易的外币汇率。

期权合约给予期权买方的是一种权利而非义务，买方可以在合约规定的日期或者时段内按照合约上载明的约定价格买卖某种指定的资产。买方没有义务必须去履行合约，这一点十分重要，为此买方必须向期权卖方支付一笔费用，即期权费。购买的权利叫作购买选择权，售出的权利叫作卖出选择权。

互换也是一种合约安排，旨在交换一定数量的未来现金流。如果是利率互换，这种现金流指的便是以一定名义本金数量为基础的未来利率支付。例如，持有固定利率贷款的公司可能希望把这种利率支付与某一指定的可变利率进行互换。交叉货币互换交换的是用外币表示的初始和到期的本金数量以及相关的定期利率支付。

衍生工具的重要性在于管理借贷业务中的某些金融风险，即避免利率、外汇和金融工具的价格因向不利的方向变动而所遭受的损失。简言之，可以在今天签署一份合约来锁定一个价格（如汇率）供未来之用，以消除日后价格（汇率）变动所带来的风险。

衍生工具并不给借款方提供实际资金，只是帮助其管理一些相关风险。例如，某家公司有借款需要，但是担心利率上扬，因此可能利用期货合约这样的衍生工具来管理因利率上升所导致的风险。不过，该公司的实际借款行为将发生在原生金融市场，例如从银行取得贷款。

第二节 金融工具设计方法概述

一、金融商品与一般商品的区别

金融商品与一般商品最主要的区别在于：商品市场的商品是普通商品或劳务，而金融市场的商品是金融工具、货币等。金融商品与一般商品的区别还体现在流动性、收益性和风险性三个方面。

（一）流动性

金融商品的流动性是指金融资产能够以一个合理的价格顺利变现的能力，它是一种投资的时间尺度（卖出它需要多长时间）和价格尺度（与公平市场价格相比的折扣）之间的关系。现金的流动性最强，房地产等资产的流动性较差。

一般商品的流动性是指商品销售速度的快慢，流动性强，则资金回笼速度快，库存降低，扩大再生产的速度加快。

（二）收益性

金融商品的收益性是指金融资产给持有者带来的回报，一般用回报率、利率等相对数表示。由于金融资产的持有者让渡了资金占用的机会成本，所以金融商品的收益集中体现为货币价格的形式。

一般商品的收益性是指销售利润的高低，一般用资金数额等绝对数表示。

（三）风险性

金融商品的风险性是指未来结果对期望的偏离，没有限定结果的偏离方向，认为任何方向的偏离都是风险的表现，体现在金融投资普遍以收益率方差或者标准差作为风险计量指标的主流分析框架。

一般商品的风险性是指商品销售不出去的风险或是价格下跌的风险，更多只考虑损失的可能性。

二、无套利均衡分析

（一）无套利定价原理及应用

1. 无套利定价原理

无套利均衡的价格必须使得套利者处于这样一种境地：他通过套利形成的财富的现金价值，与他没有进行套利活动时形成的财富的现金价值完全相等，即套利不能影响他的期初和期末的现金流量状况。

例 1-1：假设现在 6 个月贷款的即期年利率为 10%（连续复利，下同），1 年期贷款的即期利率是 12%。如果有人把今后 6 个月到 1 年期的远期利率定为 11%，试问这样的市场行情能否产生套利活动？

解：能。套利过程是：第一步，交易者按 10%的利率借入一笔 6 个月资金（假设 1 000 万元）。第二步，签订一份协议（远期利率协议），该协议规定该交易者可以按 11%的价格 6 个月后从市场借入资金 1 051 万元（等于 $1000 \times e^{0.10 \times 0.5}$）。第三步，按 12%的利率贷出一笔 1 年期的款项金额为 1 000 万元。第四步，1 年后收回 1 年期贷款，得本息 1127 万元（等于 $1000 \times e^{0.12 \times 1}$），并用 1 110 万元（等于 $1051 \times e^{0.11 \times 0.5}$）偿还 1 年期的债务后，交易者净赚 17 万元（1 127 万元 – 1 110 万元）。

2. 无套利定价法的主要特征

（1）无套利定价原则首先要求套利活动在无风险的状态下进行。

（2）无套利定价的关键技术是所谓"复制"技术，即用一组证券来复制另外一组证券。

（3）无风险的套利活动从即时现金流看是零投资组合（自融资组合）。

3. 无套利定价法的应用

（1）金融工具的模仿

金融工具的模仿是指通过构建一个金融工具组合，使之与被模仿的金融工具具有相同或相似的盈亏状况。

例如，可以通过买入一份看涨期权同时卖出一份看跌期权来模仿股票的盈亏，如图 1-1 所示。

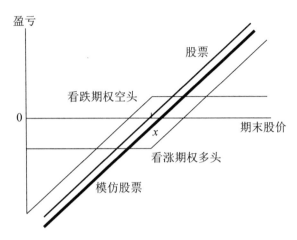

图 1-1 通过期权组合模仿股票

（2）金融工具的合成

金融工具的合成是指通过构建一个金融工具组合使之与被模仿的金融工具具有相同值。

例如，合成股票的构成是：一个看涨期权的多头、一个看跌期权的空头和 $Xe^{-r(T-t)}$ 单位的无风险债券。

$$SS = \max(0, S_T - X) - \max(0, X - S_T) + X = S_T - X + X = S_T \tag{1-1}$$

$$S = c - p + Xe^{-r(T-t)} \tag{1-2}$$

其中，SS 代表组合价值，S_T 代表 T 时刻的股票价格，X 代表期权合约执行价格，c 代表看涨期权价格，p 代表看跌期权价格。

（二）状态价格定价技术

1. 状态价格定价技术

状态价格指的是在特定的状态发生时回报为 1，否则回报为 0 的资产在当前的价格。

如果未来时刻有 N 种状态，而这 N 种状态的价格我们都知道，那么我们只要知道某种资产在未来各种状态下的回报状况以及市场无风险利率水平，就可以对该资产进行定价，这就是状态价格定价技术。

2. 状态价格定价技术的应用

A 是有风险证券，其目前的价格是 P_A，一年后其价格要么上升到 uP_A，要么下降到 dP_A。

这就是市场的两种状态：上升状态（概率是 q）和下降状态（概率是 $1-q$）。

基本证券 1 在证券市场上升时价值为 1，下跌时价值为 0；基本证券 2 恰好相反，在市场上升时价值为 0，在下跌时价值为 1。基本证券 1 现在的市场价格是 π_u，基本证券 2 的价格是 π_d。

购买 uP_A 份基本证券 1 和 dP_A 份基本证券 2 组成一个假想的证券组合。该组合在 T 时刻无论发生什么情况，都能够产生和证券 A 一样的现金流：

$$P_A = \pi_u u P_A + \pi_d d P_A \quad \text{或} \quad 1 = \pi_u u + \pi_d d$$

由单位基本证券组成的组合在 T 时刻无论出现什么状态，其回报都是 1 元。这是无风险的投资组合，其收益率应该是无风险收益率 r。

$$\pi_u + \pi_d = e^{-r(T-t)}$$

所以 $\pi_u = \dfrac{u e^{-r(T-t)}}{u-d}$，$\pi_d = \dfrac{1 - d e^{-r(T-t)}}{u-d}$。

只要有具备上述性质的一对基本证券存在，我们就能够通过复制技术，为金融市场上的任何有价证券定价。

有价证券的价格上升的概率 p，依赖于人们作出的主观判断，但是人们对 p 认识的分歧不影响为有价证券定价的结论。

无套利分析（包括其应用状态价格定价技术）的过程与结果同市场参与者的风险偏好无关。

（三）市场的完全性

市场的完全性是指市场中收益相互独立的证券数目等于未来不确定状态的数目。由于任何证券都可以表示成状态依赖性证券或是现有证券的线性组合，并且状态价格是唯一的，因而完全市场能够实现资源配置的帕累托最优。

当市场结构是完全的，当市场中收益相互独立的证券数目足够多时，该市场具有强大的复制功能。只有证券或证券组合能够被复制，才能通过构筑相反的头寸进行风险对冲，实现市场的套期保值功能，这也是市场产品完备的另外一个重要意义。目前金融工程正是通过创造新型金融产品，利用复制、组合和分解思想来填补现实市场的不完全性，从而提高金融市场转移和重新配置收益和风险的能力，并有助于增强金融市场抵御系统性风险的能力。因此，金融市场产品的完备性不仅有理论功能，对于金融工程和现实市场的发展也具有重要意义。

三、学科体系及支撑课程

（一）投资学研究的基本问题

投资学从内容、方法到工具，都已经形成了自己独有的学科特色，包括公司金融和资本市场两个组成部分，两者之间互相紧密联系。金融系统通过经济活动与实体经济发生联系，而上市公司的价值经过金融市场的交易得到正确评估。到 20 世纪七八十年代，投资学的基本理论框架已经确立，有效市场假设（EMH）和不完全市场一般均衡理论等重要研究成果纷纷问世，许多重要的理论成果经过反复论证和大量的实证检验，验证了其内在逻辑体系的一致性。马柯维茨在投资组合选择理论中所开始的数量化研究和无套利分析思想相结合，酝酿了后续一系列重大的投资学理论突破，包括资本资产定价模型（CAPM）、套利定价理论（APT），一直到行为金融理论。

投资学的理论和金融市场的实践是平行发展的，二者之间又紧密地结合并产生了深刻的交互影响。实践不断地向现有的投资学理论提出挑战，甚至向原有的理论基础发起冲击，实践的需求拉动理论学术研究的发展，需要将理论及相关学科技术融通贯穿于实际问题之中。

（二）公司财务研究的基本问题

公司财务是一门经济管理的应用科学，其任务主要是研究公司的筹资、投资和收益分配，主要内容是阐述公司财务管理的基本理论、基本技能和基本方法。具体内容应包括：

（1）公司财务的基本理论：阐述公司财务管理的概念、内容、目标、原则、体制、数学基础等基本问题；

（2）公司筹资管理：阐述公司筹资动机、筹资渠道、筹资方式、筹资组合、筹资管理方法和技巧等基本问题；

（3）公司投资管理：阐述公司的投资目的、投资组合、投资决策等基本问题；

（4）公司收益分配理论：阐述公司收益分配的原则和方法等基本问题。

（三）金融经济学的基本框架

金融经济学是一门研究金融资源有效配置的科学。虽然金融资源（也称金融工具）的形态多种多样，有货币、债券、股票，也有它们的衍生产品，它们所带来的收益和风险也各不相同，但是，它们都有一个共同的特征：人们拥有它们不再是像经济学原理所描述的那样，是为了想从使用这些"商品"的过程中得到一种满足，而是希望通过它们在未来创造出更多的价值，从而在这种能够直接提高自身物质购买力的"金融资源配置"过程中得到最大的满足。

广义的金融经济学包括资本市场理论、公司财务理论，以及研究方法方面的内容，如数理金融学、金融市场计量经济学；而狭义的金融经济学则着重讨论金融市场的均衡建立机制，其核心是资产定价。

金融经济学所依据的基本原理有：偏好原理、优化原理、无套利原理、市场均衡原理，这些都建立在完美市场假设的基础上。

（四）金融工程

金融工程包括创新型金融工具与金融手段的设计、开发与实施，以及对金融问题给予创造性的解决。金融工程的概念有狭义和广义两种。狭义的金融工程主要是指利用先进的数学及通信工具,在各种现有基本金融产品的基础上,进行不同形式的组合分解,以设计出符合客户需要并具有特定收益性、风险性和流动性的新的金融产品。而广义的金融工程则是指一切利用工程化手段来解决金融问题的技术开发,它不仅包括金融产品设计,还包括金融产品定价、交易策略设计、金融风险管理等各个方面。

金融工程的核心在于对新型金融产品或业务的开发设计,其实质在于提高效率,包括:

(1) 新型金融工具的创造,如创造第一个零息债券、第一个互换合约等;

(2) 已有工具的发展应用,如把期货交易应用于新的领域,发展出众多的期权及互换的品种等;

(3) 把已有的金融工具和手段运用组合分解技术,复合出新的金融产品,如远期互换、期货期权,构造出新的财务结构等。

第三节 金融工具设计的技术准备

一、金融数据库的种类及特点

(一) 相关概念

金融数据库就是综合金融理论与计算机技术,将金融以及其他相关数据进行加工整理而成的,能够为金融教学、研究、金融投资等提供数据与相关服务的"数据平台"。这里定义的金融数据库不仅仅是数据库本身,还包括基于数据库的相关数据处理、计算、建模及技术支持等服务。

(二) 金融数据库的种类及特点

数据模型是数据库系统的核心。数据模型的发展、数据库技术的形成和发展经历了以下三个阶段:

1. 第一代金融数据库系统:层次和网状数据库管理系统

层次和网状数据库的代表产品是 IBM 公司在 1969 年研制出的层次模型数据库管理系统。层次数据库是数据库系统的先驱,而网状数据库则是数据库概念、方法、技术的基础。

2. 第二代金融数据库系统:关系数据库管理系统

1970 年,IBM 公司的研究员 E. F. 科德(E. F. Codd)在题为《大型共享数据库数据的关系模型》的论文中提出了数据库的关系模型,为关系数据库技术奠定了理论基础。到了 20 世纪 80 年代,几乎所有新开发的数据库系统都是关系型的。真正使关系数据库技术实用化的关键人物是詹姆斯·格雷(James Gray)。格雷在解决如何保障数据的完整性、安全性、并发性以及数据库的故障恢复能力等重大技术问题方面发挥了关键作用。

关系数据库系统的出现，促进了数据库的小型化和普及化，使得在微型机上配置数据库系统成为可能。

3. 新一代金融数据库技术的研究和发展

现行的数据库系统技术已从多方面得到了发展。可以从数据模型、新技术内容、应用领域三个方面概括新一代数据库系统的发展。

在数据模型领域，面向对象的方法和技术对数据库发展的影响最为深远。20世纪80年代，面向对象的方法和技术的出现，对计算机各个领域，包括程序设计语言、软件工程、信息系统设计以及计算机硬件设备等都产生了深远的影响，也给面临新挑战的数据库技术带来了新的机遇和希望。数据库研究人员借鉴和吸收了面向对象的方法和技术，提出了面向对象的数据库模型（简称对象模型）。当前有许多研究是建立在数据库已有的成果和技术上的，针对不同的应用，对传统的数据库管理系统（DBMS），主要是关系型数据库管理系统进行不同层次上的扩充，例如建立对象关系模型和建立对象关系数据库。

数据库技术与多学科技术有机结合。在数据库新技术层面，数据库技术与多学科技术的有机结合是当前数据库发展的重要特征。计算机领域中其他新兴技术的发展对数据库技术产生了重大影响。传统的数据库技术和其他计算机技术的相互结合、互相渗透，使数据库中新的技术内容层出不穷。数据库的许多概念、技术、应用领域，甚至某些原理都有了重大的发展和变化。建立和实现了一系列新型的数据库，如分布式数据库、并行数据库、演绎数据库、知识库、多媒体库、移动数据库等，这些共同构成了数据库大家族。

为了适应数据库应用多元化的要求，在传统数据库基础上，结合各个专门应用领域的特点，研究适合该应用领域的数据库技术，如工程数据库、统计数据库、科学数据库、空间数据库、地理数据库、Web数据库等，这是当前数据库技术发展的又一重要特征。同时，数据库系统结构也由主机/终端的集中式结构发展到网络环境的分布式结构，随后又发展成两层、三层或多层客户/服务器结构以及互联网环境下的浏览器/服务器和移动环境下的动态结构。多种数据库结构满足了不同的应用需求，适应了不同的应用环境。

（三）数据处理软件及方法

1. 数据处理简介

数据处理离不开软件的支持，数据处理软件包括：书写处理程序的各种程序设计语言及其编译程序、管理数据的文件系统和数据库系统，以及各种数据处理方法的应用软件包。为了保证数据安全可靠，还应包括一整套数据安全保密的技术。

根据处理设备的结构方式、工作方式，以及数据的时间空间分布方式的不同，数据处理有不同的方式。不同的处理方式要求不同的硬件和软件支持。每种处理方式都有各自的特点，应当根据应用问题的实际环境选择合适的处理方式。数据处理主要有四种分类方式：①根据处理设备的结构方式区分，有联机处理方式和脱机处理方式；②根据数据处理时间的分配方式区分，有批处理方式、分时处理方式和实时处理方式；③根据数据处理空间的分布方式区分，有集中式处理方式和分布处理方式；④根据计算机中央处理器的工作方式区分，有单道作业处理方式、多道作业处理方式和交互式处理方式。

数据处理对数据（包括数值的和非数值的）进行分析和加工的技术过程，包括对各种原始数据的分析、整理、计算、编辑等的加工和处理，比数据分析含义广。随着计算机的日益普及，在计算机应用领域中，数值计算所占比重很小，通过计算机数据处理进行信息管理已成为主要的应用，如测绘制图管理、仓库管理、财会管理、交通运输管理、技术情报管理、办公室自动化等。例如，在地理数据中既有大量自然环境数据（土地、水、气候、生物等各类资源数据），也有大量社会经济数据（人口、交通、工农业等），这些数据常要求进行综合性处理。故需建立地理数据库，系统地整理和存储地理数据以减少冗余，发展数据处理软件，充分利用数据库技术进行数据管理和处理。

2. 数据处理流程和常用软件

计算机数据处理主要包括八个方面：①数据采集：采集所需的信息；②数据转换：把信息转换成机器能够接收的形式；③数据分组：指定编码，按有关信息进行有效分组；④数据组织：整理数据或用某些方法安排数据，以便进行处理；⑤数据计算：进行各种算术和逻辑运算，以便得到进一步的信息；⑥数据存储：将原始数据或计算的结果保存起来，供以后使用；⑦数据检索：按用户要求找出有用的信息；⑧数据排序：把数据按一定要求排序。

常用的数据处理软件有 Excel、Matlab、SAS 等，当前流行的图形可视化和数据分析软件有 Matlab、Mathematica 和 Maple 等。这些软件功能强大，可满足科技工作中的许多需要，但使用这些软件需要一定的计算机编程知识和矩阵知识，并需熟悉其中大量的函数和命令。因此，一些专业的金融分析软件提供了嵌入 Excel、Matlab 的功能，只需点击鼠标，选择菜单命令就可以完成大部分金融分析工作，获得满意的结果。

二、金融建模软件比较与选择

（一）Excel+VBA

1. Excel+VBA 简介

Excel 除了具有一般电子表格软件的数据处理、统计分析、图表功能外，EXCEL 最大的特点是集成了 VBA 环境。从 Office 97 开始，微软为所有的 Office 组件引入了统一的应用程序自动化语言——Visual Basic For Application（VBA），并提供了 VBA 的集成开发环境（IDE）环境。作为非常流行的应用程序开发语言 Visual Basic（VB）的子集，VBA 具有 VB 语言的大多数特征和易用性，最大特点就是将 Excel 作为开发平台来开发应用程序，可以应用 Excel 的所有现有功能，例如其数据处理、图表绘制、数据库连接、内置函数等等。

VBA 作为 Visual Basic 应用程序的版本，与 Visual Basic 的区别包括如下几个方面：

（1）Visual Basic 用于创建 Windows 应用程序，其代码最终被编译为可执行程序；而 VBA 用于使已有的应用程序自动化，始终为解释执行；

（2）Visual Basic 具有自己的开发环境，而 VBA 必须"寄生于"已有的应用程序，例如 Office，或者其他应用程序；

（3）Visual Basic 开发出的应用程序编译后可脱离 VB 环境执行，而执行 VBA 应用程序要求用户访问相应的被"寄生的"应用程序，例如 Excel 下开发的 VBA 程序，不仅要安装 Excel，而且安装时必须安装 VBA 环境才可以执行；

（4）使用 VBA 开发，可以使用相应"寄生"应用程序的已有功能，大大简化开发，但同时，对于已有应用程序不擅长的任务则较难实现。

尽管存在这些不同，Visual Basic 和 VBA 在结构上仍然非常相似。如果用户已经了解了 Visual Basic，会发现学习 VBA 非常快；相应地，掌握了 VBA 会给 Visual Basic 的学习打下坚实的基础。当学会在 Excel 中用 VBA 创建解决方案后，用户就已经具备了在其他 Office 应用程序，例如 Word、Access 等中用 VBA 创建解决方案的基本知识。另外，VBA 不仅可以应用在微软自己的应用程序中，从 VBA 5.0 起，微软开始为其他软件开发商提供 VBA 的许可证，允许在其他应用程序中集成 VBA，目前很多金融分析系统也集成了 VBA。

2. Excel 作为开发平台

应用 Excel 作为开发工具，在目前主要有两方面的应用：

第一是作为一种日常事务和工作处理的脚本语言，主要应用于办公自动化等领域。例如办公室人员的重复性事务处理、科研人员的数据处理或模拟、公司或企业的简单的数据处理汇总等等。这也是过去很多年来 Excel 的主要应用方面，在此方面，可以应用 Excel 实现以下功能：

（1）使重复性的任务自动化；

（2）自定义 Excel 中工具栏、菜单和窗体的界面；

（3）简化模板的使用；

（4）为 Excel 环境添加额外的功能；

（5）对数据执行复杂的操作和分析；

（6）自动绘制各类图表并进行自定义。

第二是作为企业应用的一个组件来使用，主要应用于企业应用程序的表现层（前端）或领域层。在表现层，其实就是应用 Excel 开发用户界面，通过组件对象模型（COM）组件、Web Service、ADO 或其他方式连接后端应用。另一种应用方式是通过其他程序，如应用 COM 自动化技术来调用 Excel，完成一些在 Excel 中很容易完成，但在其他程序设计语言或环境下比较困难的任务，例如很多公司使用 Excel 作为报表工具。

3. 宏、加载宏和 VBA

本书不介绍宏的录制和使用方面的知识，但是如果要进行 VBA 开发应该熟悉宏的录制和操作。Excel（包括其他 Office 程序）允许用户录制一段宏，并将其记录为 VBA 代码。对于开发者，使用这一功能，一方面可以节省时间，将录制的宏代码作为开发的基础；另一方面，对于不熟悉的操作，例如绘制图表、删除一行之类的操作，可以录制一个宏并通过查看其 VBA 代码进行学习。录制的宏可以在 VBA 集成开发环境（IDE）中修改编辑，可以为宏指定按钮、快捷键；而实际编写的代码也可以像宏一样运行。如何录制宏可以参考 Excel 帮助或有关书籍。

加载宏程序是一类程序，可为 Microsoft Excel 添加可选的命令和功能。例如，Excel 的"分析工具库"加载宏程序提供了一套数据统计分析工具，在进行统计或工程分析时，可以此节省操作步骤。

Excel 有三种类型的加载宏程序：Excel 加载宏、自定义的组件对象模型加载宏和自动化加载宏。本书所说的加载宏特指 Excel 加载宏（后缀为 xla 的文件）。Excel 加载宏可以通过单击"工具"－"加载宏"菜单来调用，在加载宏对话框中，可以安装、卸载加载宏，对于不在对话框中的加载宏，可以通过浏览按钮定位相应的文件，如图1-2所示。

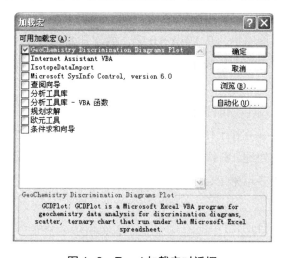

图 1-2 Excel 加载宏对话框

包含 VBA 代码的 Excel 文件，可以通过选择"文件"－"另存为"对话框保存为加载宏。VBA 是一种脚本语言，将 Microsoft Office 中的每一个应用程序都看成一个对象。Office 中，每个应用程序都由各自的 Application 对象代表。例如在 Word 中，Application 对象中包容了 Word 的菜单栏、工具栏、Word 命令以及文档对象等等。文档对象中则包容了所有的文字、表格、图像等文档组成部分的相应对象。在 Excel 中，Application 对象中包容了 Excel 的菜单栏、工具栏、工作簿和工作表对象、图表对象等等。其中，工作表对象和图表对象是 Excel 中的主要对象。VBA 程序设计的主要任务就是通过编写代码操作这些对象来完成一些任务。

4. VBA 及其集成开发环境（IDE）

要使用 VBA 进行数据处理，第一要熟悉 VBA 的 IDE 环境，知道如何进行代码编写、设计窗体、创建类模块（对象）；第二要熟悉 VBA 的基本语法。二者都是 VBA 程序设计的基础，需要认真学习。

VBA 语法涉及的内容比较多，本书首先介绍一下最基本和应该熟练掌握的内容，对于不熟悉或者不理解的内容可以在学习了后面的内容后再反过头来学习。有些内容需要反复练习和熟悉。对于 VBA 语法和用法的很多内容可以随时通过查看帮助来获得相关信息。

下面对 VBA 及其集成开发环境（IDE）作简要介绍。VBA IDE 是进行程序设计和代码编写的地方，同一版本的 Office 共享同一 IDE。

（1）VBA 集成开发环境（IDE）的组成

VBA 代码和 Excel 文件是保存在一起的，可以通过点击"工具"—"宏"—"Visual Basic 编辑器"打开 VBA 的 IDE 环境，进行程序设计和代码编写，如图 1-3 所示。

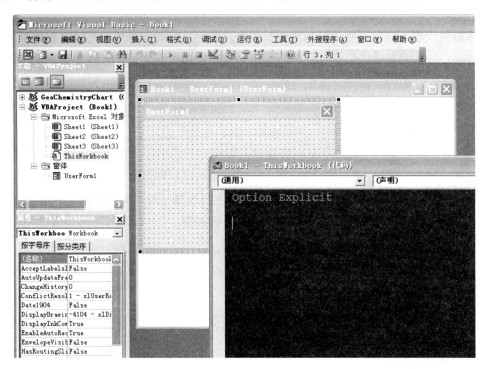

图 1-3 VBA 的 IDE 环境

图 1-3 为 Excel VBA 的 IDE 环境，对于所有使用同一版本 VBA 的应用程序，都共享相同的 IDE 环境。对于同一程序，例如 Excel，不管打开几个 Excel 文件，启动的 VBA 的 IDE 环境只有一个。缺省情况下，VBA IDE 环境上方为菜单和工具条（如图 1-3 所示），左侧上方窗口为工程资源管理器窗口，资源管理器窗口之下为属性窗口，右侧最大的窗口为代码窗口。

在资源管理器窗口可以看到所有打开和加载的 Excel 文件及其加载宏。

打开 IDE 环境的方法有如下三种：

- 通过"工具"—"宏"—"Visual Basic 编辑器"；
- 通过快捷键"ALT + F11"；
- 右键单击工具栏，选择"Visual Basic"，此工具栏有录制宏，打开 VBA IDE 等快捷按钮。

每一个 Excel 文件，对应的 VBA 工程都有四类对象，包括：Microsoft Excel 对象、窗体、模块和类模块，如图 1-4 所示。Microsoft Excel 对象代表了 Excel 文件及其包括的工作簿等几个对象，包括所有的 Sheet 和一个 Workbook，分别表示文件（工作簿）中所有的工作表（包括图表），例如缺省情况下，Excel 文件包括三个 Sheet，在资源管理器窗口就包括三个 Sheet，名字分别是各 Sheet 的名字。ThisWorkbook 代表当前 Excel 文件。双击这些对象会打开代码窗口（图 1-3 右侧窗口），在此窗口中可输入相关的代码，响应工作簿或者文件的一些事件，例如开关文件、工作簿的激活、内容修改、内容选择等（有关事件、Excel 对象模型见后文）。

窗体对象代表了自定义对话框或界面，模块为自定义代码的载体，类模块则是以类或对象的方式编写代码的载体，关于各对象的具体含义和使用见后文。在工程资源管理器窗口的右键菜单下，有添加用户窗体、模块、类模块的选项，也可以将已有的模块移除、导入和导出。在工程资源管理器之下，也可以通过将一个工程中的模块用鼠标拖拽到另一个工程实现模块在工程之间的拷贝。

在 VBA 工程资源管理器之下是属性窗口，如图 1-5 所示。主要用于对象属性的交互式设计和定义，例如选中图 1-3 中的 VBAProject，在属性窗口即可更改其名称。属性窗口除了更改工程、对象、模块的基本属性外，主要用途是用户窗体（自定义对话框）的交互式设计。图 1-5 显示的就是一个打开的窗体（UserForm）的属性窗口。

图 1-4 VBA 工程资源管理器窗口

图 1-5 VBA 属性窗口

在 IDE 窗口的右侧，可以打开代码窗口。在资源管理器窗口中的每一个对象会对应一个代码窗口（用户窗体包括一个设计窗口和一个代码窗口）。可以通过在对象上双击、在右键菜单或资源管理器工具栏上选择查看代码（或对象）打开代码窗口。对于 IDE 环境、菜单、工具栏的具体使用和说明，在后面的讲解中会逐步讲解。单击"视图—对象浏览器"或工具栏上的"对象浏览器"按钮即可打开对象浏览器窗口，如图 1-6 所示。在此窗口内可查看当前工程及其引用对象的属性、方法和事件。对象浏览器对于熟悉和查看相应的 Excel 对象、引用对象（包括 COM 对象、其他 Excel 程序）所包含的类、属性、方法和事件非常有用，特别是在没有相应的帮助资料或者文档的情况下，对象浏览器是查看一个对象内容的最有效工具。

图 1-6　VBA IDE 环境的对象浏览器

（2）在 VBA IDE 下进行开发

熟悉了 VBA 的 IDE 环境后，现在开发 VBA 的第一个程序。新建一个 Excel 文件，通过菜单或键盘快捷键打开 VBA 集成开发环境，在 VBA Project 上单击右键，选择"插入—模块"。这样，系统将打开一个代码窗口，在窗口中输入以下代码。

```
#001 Sub MyFirstVBAProgram()
#002 Dim strName As String
#003 Dim strHello As String
#004 strName = InputBox("请输入你的名字：")
#005 strHello = "你好," &strName& "!"
#006 MsgBoxstrHello
#007 End Sub
```

将鼠标光标放置在这段代码之内，单击菜单"运行—运行子过程/用户窗体"，或者在工具栏单击运行按钮，则可运行这段代码。运行结果会显示一个对话框，输入一些内容后，会显示相应的问候语。同样，这段代码可以和宏一样，在 Excel 下选择并执行。

下面简单看一下这段代码的组成，代码第 1 行表示这是一个新的过程，名称为"MyFirstVBAProgram"，第 2、3 行定义了 2 个变量，其类型为字符串类型，第 4 行调用 InputBox 这个内置函数，并将返回值赋给 strName 这个变量，第 5 行将几个字符串组合成一个新的字符串，第 6 行调用 MsgBox 这个函数，显示一个对话框，第 7 行表示过程结束。VBA 程序由不同的模块组成，在模块内部，可以定义不同的变量、过程或函数，由此组成一个完整的程序。在此模块内，再新建一段代码：

```
#001 Function MyAdd(varA, varB) As Variant
#002 MyAdd = varA + varB
#003 End Function
```

此段代码非常简单，只有 3 行，第 1 行表示这是一个函数，有 2 个参数 varA 和 varB，函数与过程的差别在于函数有返回值。第 2 行将参数 varA 与 varB 的和赋给函数，代表其返回值。另外，函数无法直接运行，必须从工作表或者其他程序调用，例如，可以通过以下一段简单的程序调用此函数：

```
#001 Sub TestAdd()
#002 Dim a, b, c
#003 a = 12
#004 b = 34
#005 c = MyAdd(a, b)
#006 MsgBox c
#007 End Sub
```

其中第 5 行为函数 MyAdd 的调用，函数将返回值赋给 c。需要说明的是，VBA 中，调用过程可以使用 Call 语句，也可省略。调用过程时，其参数的括号可以省略，但调用函数必须有括号。也可以直接在工作表内使用自定义的函数，例如在工作表中，可以像 Excel 内置函数一样使用自定义的函数，如图 1-7 所示。Excel 会负责参数传递，将返回值赋给相应的单元格，在引用参数改变时会自动重新计算。总之，与 Excel 内置函数的使用基本一致。

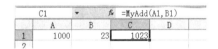

图 1-7　在工作表中使用自定义函数

以上两个例子简单介绍了 VBA 编程的过程和概念，如果要进行 VBA 复杂编程，还需要学习模块、函数与过程、基本语法、数据类型、类模块与面向对象编程等概念，相关概念可阅读其他教材。

（二）Matlab

1. Matlab 介绍

Matlab 诞生于 20 世纪 70 年代，是由美国新墨西哥大学计算机系主任克里夫·莫勒尔（Cleve Moler）博士所创造，当时由于没有合适的软件进行线性代数计算，于是莫勒尔博士就开发出 Matlab 软件。Matlab 是由 Matrix（矩阵）和 Laboratory（实验室）两个英文单词的前 3 个字母组合而成。1983 年，克里夫·莫勒尔在斯坦福访问时，结识了软件工程师约翰·里多（John Little），随后克里夫·莫勒尔、约翰·里多和史蒂夫·班格尔特（Steve Bangert），用 C 语言共同开发了第二版 Matlab，使得 Matlab 不仅具有数值计算功能，而且具有数据可视化功能。

1984 年，克里夫·莫勒尔和约翰·里多成立了 MathWorks 公司，推出了商业版 Matlab。1993 年 MathWorks 公司推出了 Matlab 4.0 版本，1995 年又推出了 Matlab 4.2C 版本，1997

年推出了 Matlab 5.0 版本，2000 年 10 月推出了 Matlab 6.0 版本，2002 年 8 月 MathWorks 公司向市场推出了 Matlab 6.5 版本。Matlab 的每一次版本升级都增加了大量数值计算功能，附带了几十个工具箱，大大增强了数值计算、符号计算和图形处理功能，界面越来越友好。2005 年 8 月 MathWorks 公司推出了 Matlab 7.0 版本。目前，Matlab 以每年发布两个版本的速度在不断更新。图 1-8 为 Matlab 2016b 的主界面。

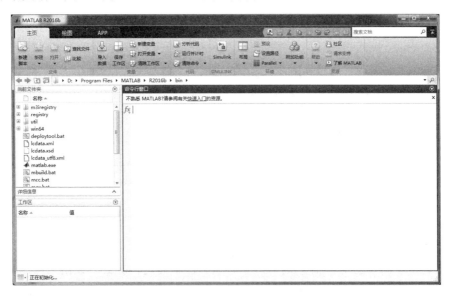

图 1-8　Matlab 2016b 的主界面

Matlab 推出后不久就在科学计算领域站稳了脚跟，自 20 世纪 90 年代以来，Matlab 已成为国际公认的优秀计算软件，在大学及业界得到广泛运用。应用代数、数理统计、自动控制、电子信号处理、模拟和数字通信、时间序列分析、动态系统仿真等课程的教科书都把 Matlab 作为配套教材。

Matlab 数值计算功能强大，能够处理大量数据，而且效率很高。MathWorks 公司在此基础上开拓了符号计算、文字处理、可视化建模和实时控制能力，增强了 Matlab 的市场竞争力。Matlab 作为计算工具和科技资源，可以扩大科学研究范围，提高工程技术效率。其中 Matlab 的金融工具箱提供了丰富的资产定价、投资组合管理、风险测评等功能。图 1-9 为使用 Matlab 进行投资组合管理时，动态调整投资组合参数。

2. Matlab 的优势

（1）友好的工作平台和编程环境

Matlab 由一系列工具组成。这些工具令用户使用 Matlab 的函数和文件更加方便，其中许多工具采用的是图形用户界面，包括 Matlab 桌面和命令窗口、历史命令窗口、编辑器和调试器、路径搜索，以及用于浏览帮助、工作空间、文件的浏览器。随着 Matlab 的商业化以及软件本身的不断升级，Matlab 的用户界面也越来越精致，更加接近 Windows 的标准界面，人机交互性更强，操作更简单。而且新版 Matlab 提供了完整的联机查询、帮助系统，极地大方便了用户的使用。简单的编程环境提供了比较完备的调试系统，程序不必经过编译就可以直接运行，而且能够及时报告出现的错误并进行出错原因分析。

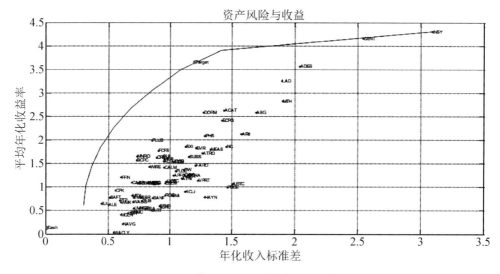

图1-9　使用Matlab进行投资组合管理

（2）简单易用的程序语言

Matlab是一个高级的矩阵/阵列语言，具有包含控制语句、函数、数据结构、输入输出和面向对象编程的特点。用户可以在命令窗口中将输入语句与执行命令同步，也可以先编写好一个较大的复杂的应用程序（M文件）后再一起运行。新版本的Matlab语言是基于最为流行的C++语言，因此语法特征与C++语言极为相似，而且更加简单，更加符合科技人员对数学表达式的书写格式，使之更利于非计算机专业的科技人员使用。而且这种语言可移植性好、可拓展性极强，这也是Matlab能够深入到科学研究及工程计算各个领域的重要原因。

（3）强大的科学计算机数据处理能力

Matlab是一个包含大量计算算法的集合。它拥有600多个工程中要用到的数学运算函数，可以方便地实现用户所需的各种计算功能。函数中所使用的算法都是科研和工程计算中的最新研究成果，而且经过了各种优化和容错处理。在通常情况下，Matlab可以用来代替底层编程语言，如C和C++。在计算要求相同的情况下，使用Matlab的编程效率更高。Matlab的这些函数集包括从最简单、最基本的函数到诸如矩阵特征向量、快速傅立叶变换的复杂函数。函数所能解决的问题大致包括矩阵运算和线性方程组的求解、微分方程及偏微分方程组的求解、符号运算、傅立叶变换和数据的统计分析、工程中的优化问题、稀疏矩阵运算、复数的各种运算、三角函数和其他初等数学运算、多维数组操作以及建模动态仿真等。

（4）出色的图形处理功能

Matlab自产生之日起就具有方便的数据可视化功能，它可以将向量和矩阵用图形表现出来，并且可以对图形进行标注和打印。高层次的作图包括二维和三维的可视化、图像处理、动画和表达式作图。可用于科学计算和工程绘图。Matlab对整个图形处理功能不断进行改进和完善，不仅使得一般数据可视化功能（例如二维曲线和三维曲面的绘制和处理等）更加完善，而且还增加了一些新功能（例如图形的光照处理、色度处理以及四维数据的表现等）。同时对一些特殊的可视化要求，例如图形对话等，Matlab 也有相应的功能函数，保证了用户不同层次的要求。另外 Matlab 还在图形用户界面（GUI）的制作上不断完善，对这方面有特殊要求的用户也可以得到满足。

（5）应用广泛的模块集合工具箱

Matlab 对许多专门的领域都开发了功能强大的模块集和工具箱。一般来说，它们都是由特定领域的专家开发的，用户可以直接使用工具箱学习、应用和评估不同的方法而不需要自己编写代码。目前，Matlab 已经把工具箱延伸到了科学研究和工程应用的诸多领域，例如数据采集、数据库接口、概率统计、样条拟合、优化算法、偏微分方程求解、神经网络、小波分析、信号处理、图像处理、系统辨识、控制系统设计、LMI 控制、鲁棒控制、模型预测、模糊逻辑、金融分析、地图工具、非线性控制设计、实时快速原型及半物理仿真、嵌入式系统开发、定点仿真、DSP 与通信、电力系统仿真等。

（6）实用的程序接口和发布平台

Matlab 可以利用 Matlab 编译器和 C/C++数学库和图形库，将 Matlab 程序自动转换为独立于 Matlab 运行的 C 和 C++代码。允许用户编写可以和 Matlab 进行交互的 C 或 C++语言程序。另外，Matlab 网页服务程序还容许在 Web 应用中使用 Matlab 数学和图形程序。Matlab 的一个重要特色就是具有一套程序扩展系统和一组被称为工具箱的特殊应用子程序。工具箱是 Matlab 函数的子程序库，每一个工具箱都是为某一类学科专业和应用而定制的，主要包括信号处理、控制系统、神经网络、模糊逻辑、小波分析和系统仿真等方面的应用。

（7）应用软件开发（包括用户界面）

开发环境使用户更方便地控制多个文件和图形窗口；在编程方面支持了函数嵌套、有条件中断等；在图形化方面，有了更强大的图形标注和处理功能，包括对性对起连接注释等；在输入输出方面，可以直接向 Excel 和 HDF5 进行连接。

（三）SAS

SAS 系统（Statistics Analysis System）是大规模集成软件系统，由美国 SAS 研究所（SAS Institute）研制，从 1966 开始推向市场，此后，该软件不断更新，功能也不断增加，目前的版本是第九版，如图 1-10 所示。SAS 系统功能强大，通常使用的有其 SAS/ASSIST（菜单驱动包），SAS/BASE（基本包），SAS/ETS（经济与时间序列包），SAS/GRAPH（图形包），SAS/IML（矩阵语言包），SAS/OR（运筹包），SAS/QC（质量控制包）等。SAS 系统以 C 语言为工作母语编成"第四代计算机语言"，更接近人类自然语言，并把数据处理、数据分析、写报告融为一体。此外，SAS 还提供了各类概率分析函数、分位数函数、样本统计函数和随机数生成函数，使用户能方便地实现特殊统计要求。

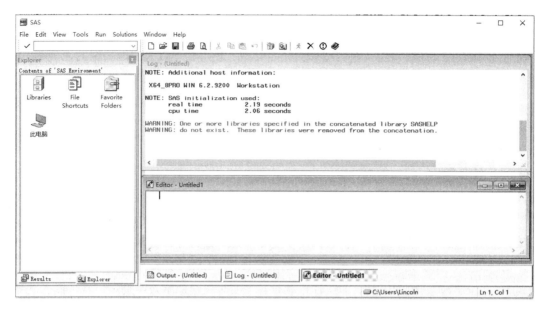

图 1-10　SAS 主界面

SAS 由数十个专用模块构成，功能包括数据访问、数据储存及管理、应用开发、图形处理、数据分析、报告编制、运筹学方法、计量经济学与预测等。SAS 系统主要由四大部分组成：SAS 数据库部分；SAS 分析核心；SAS 开发呈现工具；SAS 对分布处理模式的支持及其数据仓库设计。

SAS 系统主要完成以数据为中心的四大任务：数据访问；数据管理（SAS 的数据管理功能并不很出色，但数据分析能力强大，所以常常用微软的产品管理数据，再导成 SAS 数据格式，要注意与其他软件的配套使用）；数据呈现；数据分析。

SAS 系统的支持技术主要有以下两方面：

（1）数据仓库（Data Warehouse）技术。数据仓库是用于支持管理决策过程的数据库管理技术，主要特点是面向主题、集成性、动态性。可以将数据仓库理解为"将多个生产数据源中的数据按一定规则统一集中起来，并提供灵活的观察分析数据手段，从而为企业制定决策提供事实数据的支持"。

（2）数据挖掘（Data Mining）技术。数据挖掘是指从大量的、不完全的、模糊的、随机变化的数据中，提取隐含在其中的潜在信息和知识的过程。类似的术语如从数据库中发现知识（KDD）、数据分析、数据融合（Data Fusion）等。

SAS 在金融领域的应用也非常广泛，如金融数据库、金融计算、金融统计、金融计量等方面的应用。金融机构通过 SAS 软件系统可以全面了解客户，在风险管控和业务拓展之间寻找最佳平衡点而成功地推动业务增长；通过 SAS 软件的金融数据分析可以更快、更准确地发现欺诈交易；通过提高决策的准确性，提高运营效率及对每位客户的欺诈防范能力。

第四节 常用实验环境介绍

一、RESSET

RESSET 实验教学辅助软件（RESSET/CAD）是 RESSET 公司利用 JAVA 语言和 VBA 语言开发的基于 Web 的经济金融类教学信息系统，包含了经济金融类课程在线教学、实验以及教学信息管理等功能。RESSET 实验教学辅助软件的主界面如图 1-11 所示。

图 1-11 RESSET 实验教学辅助软件主界面

在课程教学与实验方面，RESSET/CAD 集成了对教学内容各个环节的综合管理，实现了理论与实验的结合，突出个性化学习、协作学习等功能。具体来讲包括点选教学课程与实验、在线实验与在线辅导、课程与实验论坛、上传与下载作业及考试、通过短消息和 BBS 向教师提问以及教师解答等。这些内容能使学生和老师实现良好的互动，提高课堂教学效率，同时能增加学生学习的自主性，提高其动手操作能力。其管理模块如图 1-12 所示。

图 1-12 RESSET 实验教学辅助软件管理模块

较其他同类型系统而言，RESSET/CAD 在课程配套实验的支撑上更为突出，优化和开发了 70 余个专业化的实验模型，模型以 Excel 为前台实验平台、以 RESSET 金融研究数据库（RESSET/DB）为后台数据平台，适用于金融工程、投资学、公司理财、金融计算与建模等课程的教学，这些模型均以国际知名金融资讯平台如 Reuters、Bloomberg 的金融分析模块为标杆，融动态性、真实性、前沿性于一体，并把学科最新发展成果引入教学。其实验模块如图 1-13 所示。

图 1-13　RESSET 实验教学辅助软件实验模块

在教学信息管理方面，RESSET 系统集成了院系班级的管理、教师与学生信息的管理、教学课程内容与实验内容的管理、考试与作业内容的管理等功能，提高了教学质量和教学水平。随着信息化技术的发展，教学管理从原有的纸张化管理逐渐向信息化管理转变。RESSET 系统专门针对大专院校教学管理工作规范而开发，具有科学的管理工作流程、安全的权限管理机制、友好的人机交互模式、丰富的信息发布统计等特点，能够满足日常教学管理过程中绝大多数工作的需求。

二、QuantPlus Analytics

QuantPlus Analytics 是一款国产的金融风险分析软件，提供决策和风险管理的技术和工具，如实物期权的分析、蒙特卡洛仿真、预测、优化和风险建模。产品主要包括：Risk Simulator——一个集风险分析、仿真、预测和优化于一体的软件；Real Options SLS——一个灵活和个性化的战略实物期权分析软件。

（一）Risk Simulator 软件

Risk Simulator 是一个功能强大的嵌于 Excel 的软件，可用于对已有的 Excel 表格模型进行仿真、预测、统计分析和优化，如图 1-14 所示。Risk Simulator 非常容易使用。例如，运行风险分析的步骤是：设置输入变量，设置输出变量，然后运行。进行预测分析也非常简单，只需点击鼠标两三次，软件便会自动进行计算和分析，然后生成详细的报告、图表和数字结果。

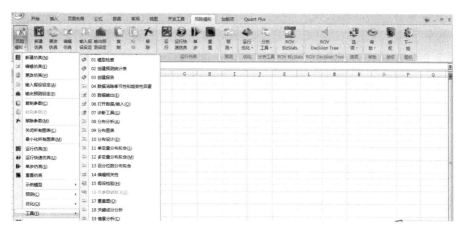

图 1-14 Risk Simulator 主界面

Risk Simulator 软件还可以与其他软件结合使用，包括 Real Options Super Lattice Solver、Employee Stock Options Valuation Toolkit、Modeling Toolkit（超过 800 个函数和 300 个模型）、ROV Modeler、ROV Optimizer、ROV Valuator、ROV Basel II Modeler、ROV Compiler、ROV Extractor and Evaluator 和 ROV Dashboard。Risk Simulator 软件的主要功能如下：

1. 蒙特卡洛仿真

蒙特卡洛仿真具有以下功能及特点：45 种概率分布函数，简易使用界面，高速仿真运行（千次/秒），Copulas、拉丁超立方和蒙特卡洛模拟，如图 1-15 所示。

图 1-15 Risk Simulator 软件中蒙特卡洛仿真的应用

2. 分析工具

分析工具包含的特点及功能有：自举法、模型检查、聚类分析、综合报告、数据提取和统计报告、数据导入、去季节因素和去趋势化、数据诊断、分布选择（一元、多元、Percentile Fit）、分布概率（PDF、CDF、ICDF）、假设检验、覆盖率、主成分分析、敏感性分析、情景分析、统计分析、结构突变、飓风图和蛛网图（Spider charts），如图 1-16 所示。

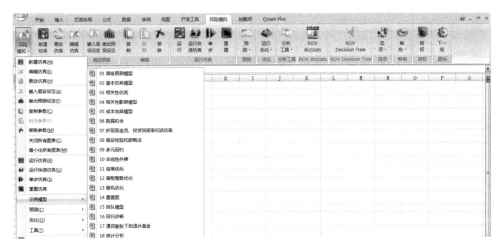

图 1-16 Risk Simulator 提供的分析模型

3. 预测

预测方法包括：Box-Jenkins ARIMA、Auto ARIMA、基础计量经济学、自动计量经济学、组合模糊逻辑 Combinatorial Fuzzy Logic、三次样条法、自定义分布、GARCH 模型、J 曲线、S 曲线、马尔科夫链、极大似然法、多元回归、神经网络、非线性外推、随机过程、时间序列分解、趋势线。

4. 优化

优化方法及特点包括：连续、离散、整数变量的静态优化、动态优化和随机优化，有效前沿，遗传算法，线性及非线性优化，单变量目标搜索。Risk Simulator 2011 版本支持 10 种语言：英语、法语、德语、意大利语、日语、韩语、葡萄牙语、简体中文、繁体中文、西班牙语。具有本土化的用户界面、使用手册、报告、案例、练习、工具和图表。

（二）Real Options SLS 软件

Real Options SLS 是一种可以方便地应用实物期权分析的新软件。Real Options SLS 具有完整的独立性并且支持通过 Excel 电子表格进入使用，可用来分析和计算实物期权、金融期权、奇异期权和雇员股票期权，并能够将这些应用整合到一个定制电子表格中。最新设计的客户自定义期权模块允许用户创建符合自己需要的期权模型，在模型中用户还可以查看所有的数学公式和函数，因此方法和结果都是透明的，便于用户理解和解释。Real Options SLS 软件的主要功能、算法和模型如下：

1. 实物期权

实特期权主要包括连续复合期权、阶段发展期权、多资产期权，以及各种用户定制的实物期权，通过运用软件可以混合和匹配使用，如图1-17所示。

图1-17　Real Options SLS 实物期权和金融期权模块

2. 金融期权

金融期权主要包括所有类型的混合多资产和基准期权、认股权证、可转换债券、结构金融产品。运用软件可以解决美式期权、欧式期权、百慕大期权和亚式期权，以及用户自己定制的期权，如图1-17所示。

3. 雇员股票期权

雇员股票期权主要是指带有等待期、惩罚率、次优执行行为乘数的期权，标的物为外部市场和内部市场的股票。美国金融会计标准局（U.S. FASB）在2004年创建的FAS 123R便是使用此软件作为基准。Real Options SLS 的雇员股票期权模块如图1-18所示。

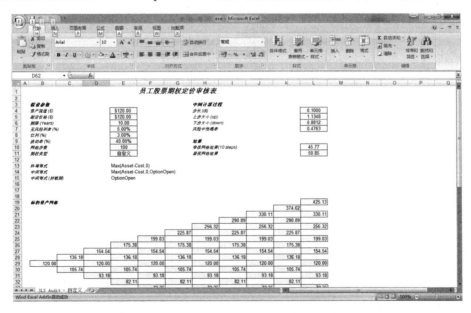

图1-18　Real Options SLS 雇员股票期权模块

用户可以使用预先确定的或自己创建的期权模型，在数秒内完成一个1 000步二叉网格的计算（如果手动计算，计算机需要数百年才能完成此计算），还有闭式模型作为基准参照模型，这些模型包括 Black-Scholes-Merton 模型及其他的高级闭式美式模型。

三、FINCAD Analytics

FINCAD 公司成立于 1990 年，是金融风险分析技术的领先提供商，提供金融分析模型解决方案。在全球 80 多个国家有 4 000 多家用户使用 FINCAD 进行套期保值和投资决策。FINCAD 向银行、保险公司、跨国企业、对冲基金、资产管理公司、审计公司和政府机构提供软件和服务，支持金融衍生品和固定收益产品及其组合的估值定价、风险管理。FINCAD Analytics 分析软件可以嵌入 Excel、Matlab 等软件中使用，或通过软件开发工具包嵌入其他系统。目前已有超过 70 个 FINCAD 联盟伙伴将 FINCAD Analytics 嵌入它们自己的金融解决方案中。

在金融衍生品交易中，定价和估值非常重要，FINCAD Analytics 涵盖了业界最全面的金融分析工具库。利用 FINCAD Analytics 丰富的横跨金融衍生品和固定收益的分析工具，用户可以快速简单地获取准确估值。FINCAD 分析套件 Excel 版是一个极易操作的风险管理和金融衍生品估值工具，涵盖了各种金融衍生品和固定收益估算工具，给用户提供了一个跨资产组合的分析套件，其工作主界面如图 1-19 所示。

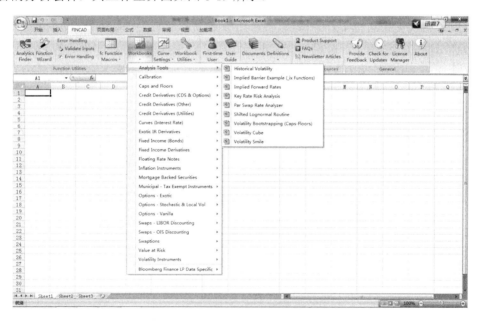

图 1-19 FINCAD Analytics 主界面

FINCAD Analytics 的主要特点如下：

（一）期权解决方案

目前，中国资本市场迎来金融衍生品创新多样化的新时期。期权交易正在积极推进之中，包括上交所的个股和 EFT 期权、中金所的股指期权、大商所的豆粕期权等各种期权仿真交易日益成熟。期权产品的推出将改善中国资本市场中金融工具过少、高度封闭的不足，进一步拓展整个市场的深度和广度，激发市场的流动性。FINCAD 作为国际著名金融衍生品估值定价和风险分析解决方案供应商，提供符合行业标准的量化分析模型解决方案，适用于针对金融衍生品的估值、交易、风险管理、合规性管理、资产负债管理和模型验证等多种业务。如图 1-20 所示。

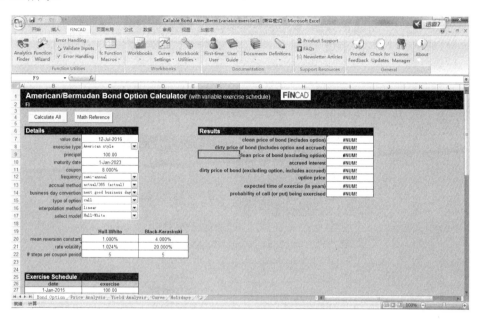

图 1-20　FINCAD 期权分析模块

针对即将推出的期权交易，FINCAD Analytics 可全方位满足在交易、风控、结算等业务环节的分析计算需求，主要功能包括：

1. 期权交易分析

FINCAD Analytics 支持各种期权交易分析，从交易前价格发现到交易策略分析，以帮助客户全面地判断市场并执行交易。用户可运用 FINCAD Analytics、设计交易策略并研判各种复合交易策略相对应的收益变化。波动率是期权定价中的重要参数。FINCAD 分析解决方案提供多层次的波动率分析功能，主要包括：根据标的资产价格的历史数据计算历史波动率；根据市场交易数据计算隐含波动率；根据市场交易数据校正期权定价模型参数，并基于模型参数建立波动率曲线或波动率曲面，如图 1-21 所示。

2. 期权估值定价

作为当今国际金融市场上最常见的金融解决方案之一，期权产品的定价模型经历了从简单到复杂的研发过程。FINCAD Analytics 涵盖了符合多种行业标准的期权定价模型：用于欧式期权定价的 Black-Scholes-Merton 模型；用于美式期权定价的二项式模型；局部波动率模型；随机波动率模型（SABR，Heston）等，如图 1-22 所示。

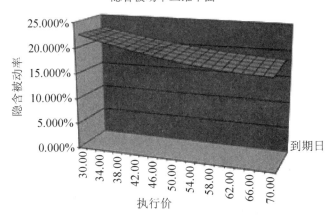

图 1-21　FINCAD 隐含波动率计算模块

ValueProduct	
模型	Curve_SPXPrice
产品	SPXCallOption
计算方法	DefaultClosedForm
计算结果	
市场价值	27.300236
希腊值 - Delta	0.640125
希腊值 - Vega	53.749610
希腊值 - Gamma	0.005480
希腊值 - Volga	-12.727396
希腊值 - Vanna	0.246874

图 1-22　FINCAD 期权计算模块

3. 风险分析和风险控制

FINCAD Analytics 不仅能够提供全面的估值定价功能，还支持常用的风险指标计算，如期权分析中常见的希腊值、期权执行可能性等。不仅如此，FINCAD 的 F3 产品中的通用风险技术（URT）获得美国专利，能够一次性计算出所有相关数据参数的一阶风险系数，如图 1-23 所示。

风险报告									
数据					一阶导敏感系数		数据计算表述		
数据名称	数据种类	到期日	原始数据	币种	敏感系数	计算种类	到期日	种类	
SPXBlack	Volatilities	0d	80.0%	USD	0.0	InterpolationMaturityPoint	DatedValue	0d	
SPXBlack	Volatilities	1m	70.0%	USD	0.0	InterpolationMaturityPoint	DatedValue	1m	
SPXBlack	Volatilities	3m	60.0%	USD	0.0	InterpolationMaturityPoint	DatedValue	3m	
SPXBlack	Volatilities	1y	50.0%	USD	39.8	InterpolationMaturityPoint	DatedValue	1y	
SPXBlack	Volatilities	5y	40.0%	USD	13.2	InterpolationMaturityPoint	DatedValue	5y	
SPXStockPrice	CurrentPrice	0b	10000.0%	USD	0.6	<RawValueExposure>	EquityPrice	0b	
AllRateData	BaseCurveData	O/N	0.2%	USD	(0.0)	PVBP Delta	CashDepo	O/N	
AllRateData	BaseCurveData	O/N	0.2%	USD	(0.1)	<RawValueExposure>	CashDepo	O/N	
AllRateData	BaseCurveData	O/N	0.2%	USD	(26.9)	EquivalentNotional	CashDepo	O/N	
AllRateData	BaseCurveData	T/N	0.2%	USD	(0.0)	PVBP Delta	CashDepo	T/N	

图 1-23　F3 产品的风险系数计算

通过以上风险指标的计算，用户可以随时跟踪各种数据参数的变化，并判断该变化对期权价格以及整个投资组合的影响。另外，用户可以根据自身需求，利用 FINCAD Analytics 设计实施各种风险对冲方案（如 delta，gamma，vega 对冲），以达到风险控制的目的。

4. 投资组合级别的计算

FINCAD Analytics 不仅支持对单一交易产品的分析计算，还可以在跨资产类别投资组合的级别上进行估值计算和风险分析。用户可将期权交易头寸加入由现金、股票、债券等组成的投资组合，系统地跟踪分析整个投资组合的价值变化。风控部门亦可以针对整个投资组合计算各种市场风险指标（如风险值 VaR）、执行情景分析和压力测试。

（二）使用 FINCAD 分析套件 Excel 版本，可以实现如下功能

1. 金融衍生品定价
2. 模型验证
3. 评估交易对手违约信用风险
4. 情景分析和压力测试
5. 满足行业监管要求（如 Topic 820，IFRS7 等）
6. 确认承销商的报价
7. 与其他系统比对验证
8. 计算风险值（VaR）
9. 头寸和投资组合的逐日盯市

（三）隔夜利率（OIS）折现率曲线

无论使用 LIBOR 还是 OIS 折现率曲线分析衍生品，通过预先设定的演示数据，可以引导用户正确输入所需的参数。同时，通过使用下拉菜单选项，还可以减少发生输入错误的机会。如图 1-24 所示，选择交易天数计算方法和假日列表。

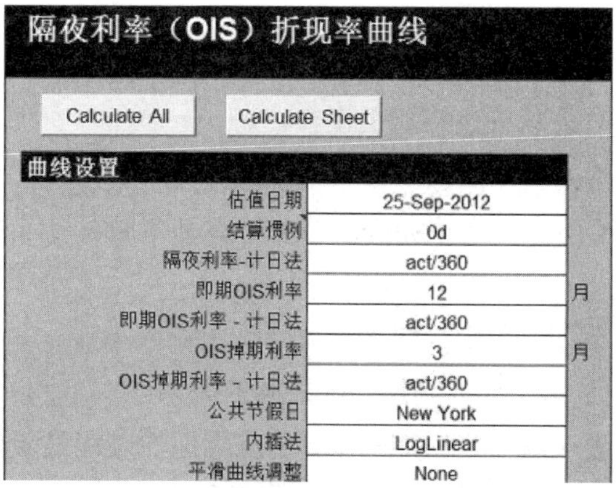

图 1-24　隔夜利率（OIS）参数选择

第二章 债券类金融工具模拟设计

【本章导读】

本章主要介绍在 Excel 的操作环境下债权类金融工具的模拟设计。通过本章的学习,学生应该能够:

1. 掌握运用 Vasicek 模型在 Excel 环境下生成利率期限结构的操作方法和步骤;
2. 运用未来现金流贴现模型进行债券定价;
3. 运用 SAS 函数或者 Excel 函数进行固定收益证券几种收益率的计算;
4. 运用 Excel 软件进行债券久期和凸性的计算。

实验一 利率期限结构的计算——基于 Vasicek 模型

一、实验目的与要求

通过 Vasicek 利率期限结构模型与数值方法综合实验,使学生掌握在 Excel 环境下生成利率期限结构的基本操作方法,熟悉应用 Vasicek 模型在 Excel 环境下生成利率期限结构的操作步骤。

该实验要求如下:

(1)能够熟练运用 Excel 软件进行相关操作;
(2)掌握 Vasicek 模型的基础知识;
(3)熟练掌握在 Excel 环境下应用 Vasicek 模型计算利率期限结构的操作方法和操作步骤。

二、实验说明

利率期限结构描述了利率与债券到期期限之间的关系。

Vasicek 模型中,假设(瞬时)短期利率 r 的风险中性过程是随机的,并只有一个不确定性来源(单因子)。随机过程包括漂移和波动率两个参数,它们只与短期利率 r 有关,与时间无关。

短期利率 r 的变动为以下形式的随机过程：

$$dr = a(b-r)dt + \sigma_r dz \qquad (2\text{-}1)$$

这样，在时间增量 dt 过程中，短期利率的微小变动 dr 以 a 的速率回复到均值水平 b。第二项波动项包含了不确定性，dz 代表了一个正态分布，其均值为 0，方差是 dt。短期利率 r（严格来说是 $r(t)$）被假设为 t 时刻的连续复利瞬时利率。

在一个零息票债券期权的例子中，在 s 时刻等于 1 元的价值，其在 t 时刻的对应值可以表示为：

$$P(t,s) = E^Q \left[\exp\left(-\int r(u)du\right) 1 \right] \qquad (2\text{-}2)$$

这里积分的时间间隔是从下限 t 到上限 s，符号 E^Q 表示风险中性期望。

对于零息票债券期权来说，模型描述的短期利率公式必须包含在 $P(t,s)$ 的期望表达式中。由于短期利率的不确定性，因此它不能被提到期望括号之外。

在 Vasicek 模型假定下，可以解出积分的解析解，从而给出零息票债券的价格，即：

$$P(t,s) = A(t,s) \exp\left[-B(t,s)r(t)\right] \qquad (2\text{-}3)$$

其中 $r(t)$ 是短期利率在 t 时刻的值，$A(t,s)$ 与 $B(t,s)$ 的表达式如下：

$$B(t,s) = \{1 - \exp[-a(s-t)]\}/a \qquad (2\text{-}4)$$

$$A(t,s) = \exp\left(\left\{[B(t,s)-(s-t)](a^2 b - \sigma_r^2/2)\right\}/a^2 - \sigma_r^2 B(t,s)^2/4a\right) \qquad (2\text{-}5)$$

在 $a = 0$ 的特殊情况中，A 和 B 的表达式可以简化为：

$$B(t,s) = (s-t) \text{ 和 } A(t,s) = \exp\left[\sigma_r^2 (s-t)^3/6\right] \qquad (2\text{-}6)$$

Vasicek 模型中要求短期利率 r 的三个参数（a，b 和 σ_r）必须根据历史数据估算出来。

综上所述，在 Vasicek 模型假定下，根据公式 $P(t,s) = A(t,s)\exp[-B(t,s)r(t)]$ 可以解出零息票债券的价格，再根据债券的定价公式

$$p = (1)\exp(-rt) \qquad (2\text{-}7)$$

其中 p 是零息票债券价格，t 是债券的到期期限，债券的面值为 1，r 则是相应的零息收益率。（这里用零息收益率代表零息票债券价格暗含的各个期限的利率水平，从 0 时刻到 t 时刻。）上述过程使得零息票债券价格可以转换为相应的零息票债券的连续复利收益率。可以建立一个模拟运算表，计算不同的 s 值（从 0 到 30）所对应的零息收益率和它的波动率，其中所列出的零息收益率代表利率期限结构。

三、实验步骤及示例

在该实验中，所使用的参数 a、b 和 σ_r 是由 Chan 等人在 1992 年根据 1964 年到 1989 年的美国 1 月期国库券收益率数据估算出来的。如图 2-1 所示，Excel 单元格 A5—B11 为基本参数，其中 $a = 0.1779$，$b = 0.0866$，$\sigma_r = 2.00\%$，$r = 6.00\%$。在单元格 B13 和 B14 中分别输入 $B(0,s)$ 和 $A(0,s)$ 的公式，计算出相应结果。根据这两个结果，到期期限为 s 的零息票债

券的价格 $P(0,s)$ 就可以计算出来（列在 E6 单元格中）。

	A	B	C	D	E	F	G	H	I
1	Bond1.XLS								
2	Vasicek Model : see Hull (4th Edition) p567-9						Vasicek Term Structure		
3	RN model	dr = a(b-r) dt + σ dz						Zero Yield	Zero Yield Volatility
4								7.20%	0.93%
5	a	0.1779		Zero-coupon bond price			0	6.00%	2.00%
6	b	0.0866		P(0,s)	0.4867		1	6.22%	1.83%
7	r	6.00%		via fn	#NAME?		2	6.40%	1.68%
8	0 (nowyr)	0.00					3	6.56%	1.55%
9	s (zeroyr)	10.00		Zero yield			4	6.69%	1.43%
10	zero life	10.00		R(0,s)	7.20%		5	6.81%	1.32%
11	σ	2.00%		via fn	#NAME?		6	6.91%	1.23%
12							7	7.00%	1.14%
13	B(0,s)	4.6722		Zero yield (infinite maturity)			8	7.07%	1.07%
14	A(0,s)	0.6442		R(?)	8.02%		9	7.14%	1.00%
15							10	7.20%	0.93%
16				Volatility of zero yield			20	7.56%	0.55%
17				σR(0,s)	0.93%		30	7.71%	0.37%
18									

图 2-1　到期期限为 s 的零息票债券价格的计算

在 Excel 下，$B(0,s)$ 的计算公式为：

$$B13=IF(B5=0,B10,(1-EXP(-B5*B10))/B5)$$

以 $s=10$ 为例，解得 $B(0,10) = 4.6722$。计算过程如图 2-2 所示。

	A	B	C	D
1	Bond1.XLS			
2	Vasicek Model : see Hull (4th Edition) p567-9			
3	RN model	dr = a(b-r) dt + σ dz		
4				
5	a	0.1779		Zero-coupon bond price
6	b	0.0866		P(0,s)
7	r	6.00%		via fn
8	0 (nowyr)	0.00		
9	s (zeroyr)	10.00		Zero yield
10	zero life	10.00		R(0,s)
11	σ	2.00%		via fn
12				
13	B(0,s)	=IF(B5=0,B10,(1-EXP(-B5*B10))/B5		
14	A(0,s)	0.6442		
15		IF（测试条件，真值，[假值]）		

图 2-2　在 Excel 下 $B(0,s)$ 的计算公式

$A(0,s)$ 的计算公式为：

B14=IF(B5=0,EXP(B11^2*B10^3/6),EXP(((B13-B10)*(B5^2*B6-0.5*B11^2))/B5^2-(B11^2*B13^2)/(4*B5)))

以 $s=10$ 为例，解得 $A(0,10) = 0.6422$。计算过程如图 2-3 所示。

	A	B	C	D	E	F	G	H
1	Bond1.XLS							
2	Vasicek Model : see Hull (4th Edition) p567-9						Vasicek Term Structure	
3	RN model	dr = a(b-r) dt + σ dz						Zero Yield
4								7.20%
5	a	0.1779		Zero-coupon bond price			0	6.00%
6	b	0.0866		P(0,s)	0.4867		1	6.22%
7	r	6.00%		via fn	#NAME?		2	6.40%
8	0 (nowyr)	0.00					3	6.56%
9	s (zeroyr)	10.00		Zero yield			4	6.69%
10	zero life	10.00		R(0,s)	7.20%		5	6.81%
11	σ	2.00%		via fn	#NAME?		6	6.91%
12							7	7.00%
13	B(0,s)	4.6722		Zero yield (infinite maturity)			8	7.07%
14	A(0,s)	=IF(B5=0,EXP(B11^2*B10^3/6),EXP(((B13-B10)*(B5^2*B6-0.5*B11^2))/B5^2-(B11^2*B13^2)/(4*B5)))						
15		IF（测试条件，真值，[假值]）					10	7.20%
16				Volatility of zero yield			20	7.56%

图 2-3 在 Excel 下 $A(0,s)$ 的计算公式

$P(0,s)$ 的计算公式为：

$$E6 = B14*EXP(-B13*B7)$$

以 $s = 10$ 为例，解得 $p(0,10) = 0.4867$。计算过程如图 2-4 所示。

	A	B	C	D	E
1	Bond1.XLS				
2	Vasicek Model : see Hull (4th Edition) p567-9				
3	RN model	dr = a(b-r) dt + σ dz			
4					
5	a	0.1779		Zero-coupon bond price	
6	b	0.0866		P(0,s)	=B14*G6EXP(-B13*B7)
7	r	6.00%		via fn	#NAME?
8	0 (nowyr)	0.00			
9	s (zeroyr)	10.00		Zero yield	
10	zero life	10.00		R(0,s)	#NAME?
11	σ	2.00%		via fn	#NAME?
12					
13	B(0,s)	4.6722		Zero yield (infinite maturity)	
14	A(0,s)	0.6442		R(?	8.02%

图 2-4 在 Excel 下 $P(0,s)$ 的计算公式

这说明通过 Vasicek 模型的计算，在 s 时刻（现在 $s=10$ 年）收到的每单位价值的零息票债券的价格为 0.4867。

根据零息票债券的价格，可以计算出零息收益率，公式如下：

$$E10 = IF(B10>0, -LN(E6)/B10, B7)$$

解得 $R(0,10) = 7.20\%$。计算过程如图 2-5 所示。

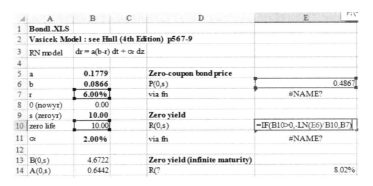

图 2-5 在 Excel 下零息收益率的计算公式

一个无限期债券的到期收益率，这里用 $R(\infty)$ 表示（E14 单元格），为 8.02%。这个数值比所选的参数 b（短期利率均值回复水平）更小。这个短期利率波动率的公式列在单元格 E17 中，如图 2-1 所示，表明 10 年期零息收益率的波动率为 0.93%，而我们选择的波动率参数为 2%。

计算不同的 s 值（从 0 到 30）所对应的零息收益率和它的波动率，其中零息收益率代表利率期限结构，如图 2-6 所示。

G	H	I	J
Vasicek Term Structure			
	Zero Yield	Zero Yield Volatility	
	7.20%	0.93%	
0	6.00%	2.00%	
1	6.22%	1.83%	
2	6.40%	1.68%	
3	6.56%	1.55%	
4	6.69%	1.43%	
5	6.81%	1.32%	
6	6.91%	1.23%	
7	7.00%	1.14%	
8	7.07%	1.07%	
9	7.14%	1.00%	
10	7.20%	0.93%	
20	7.56%	0.55%	
30	7.71%	0.37%	

图 2-6 利率期限结构计算结果

实验二 债券的定价

一、实验目的与要求

给定债券基本信息，利用未来现金流贴现的方法，并运用 Excel 软件和 RESSET 实验教学辅助软件计算债券的价格。

该实验要求如下：

1. 了解债券定价的基本原理；

2. 掌握使用 Excel 进行债券计算的基本方法。

二、实验说明

结合 Excel 软件和 RESSET 实验教学辅助软件，利用未来现金流贴现的方法为附息债券定价。首先从 RESSET/DB 中直接查询相关的债券基本信息，主要包括：日期、债券面值（元）、票面利率、债券代码、年付息频率、到期日、到期收益率等信息。然后利用所得信息在 Excel 中进行运算，得到债券价格。

三、实验步骤及示例

（一）从 RESSET/DB 中直接查询相关的债券基本信息

1. 登录 RESSET/DB 选择"RESSET 固定收益"。
2. 在 RESSET 固定收益中选择"利率期限结构"—"样本债券信息"。
"数据样例"中列举了关于债券的实例，以供参考。
"数据字典和计算方法"中描述了债券相关信息的概念和数据的具体内容以及相关公式。
3. 通过"日期范围"选择日期范围。

选择"日期范围"，如图 2-7 所示。选择"日期"作为日期对象，输入或点选起止日期查询，值为空时代表无时间限制。

图 2-7 日期范围选择

4. 通过"查询条件"的附加查询，筛选出附息债券，如图 2-8 所示。
5. 通过"选择输出字段"选择所要查询的数据内容，如图 2-9 所示。
6. 导出数据。

从输出格式列表中选择需要的查询结果输出格式，如图 2-10 所示。对于数据量较大的结果文件，建议选择一种压缩格式进行下载。

选择"Excel 电子表格(*.xls)"，点击"提交"按钮，结果如图 2-11 所示。

图 2-8 查询条件

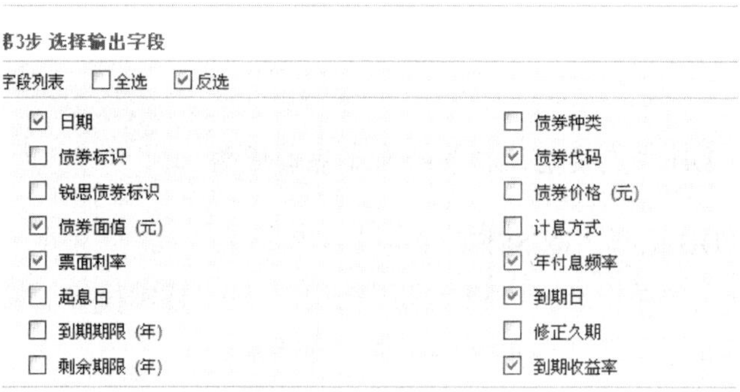

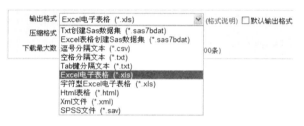

图 2-9 输出字段选择

图 2-10 输出格式选择

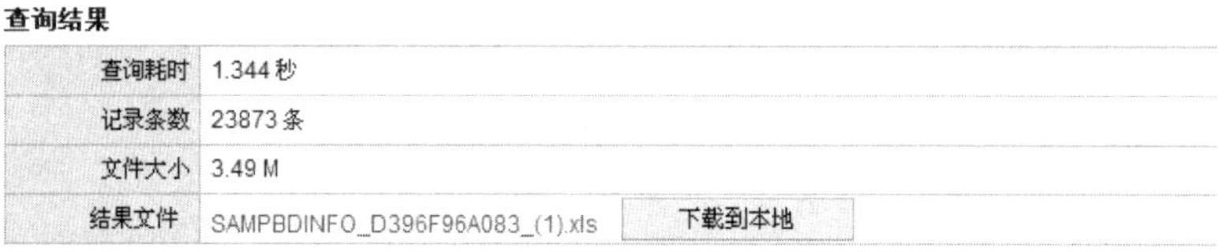

图 2-11 提交结果显示

点击"下载到本地"下载数据，然后点击"保存"，如图 2-12 所示。

图 2-12 文件保存

（二）进行计算

1. 登录 RESSET/CAD；

2. 选择"投资学"中的"股票定价和债券定价"，点击"开始实验"，将上一步得到的数据填入相应的表格中，进行实验。如图 2-13 所示，"表1 股票基本输入数据""表3 债券基本输入数据"是需要输入的参数，"表2 股票价格""表4 应计票息"及"表5 债券价格"为计算输出的结果。

股票和债券定价				锐思数据 RESSET
股票定价				
说明				
1、表1、表2用来计算股票价格。				
2、黑色字体标识数据为用户输入数据，蓝色字体标识数据为计算所得。				
表1 股票基本输入数据				
每年红利	年利率			
0.8	0.1			
表2 股票价格				
8				
债券定价				
说明				
1、表3、表5用来计算债券价格。				
2、黑色字体标识数据为用户输入数据，蓝色字体标识数据为计算所得。				
表3 债券基本输入数据				
债券成交日	债券到期日	年息票利率	年收益率	面值100的有价证券的清偿价值	年付息次数
1998-5-5	2007-9-1	0.1	0.06	100	4
注：年付息次数可以为1，2，4。				
表4 应计票息				
距上次付息天数	本次付息天数	应计票息		
65	92	1.77		
表5 债券价格				
净价	全价			
128.40	130.17			

图 2-13 参数输入与结果显示

实验三 固定收益证券计算

一、实验目的与要求

熟练掌握固定收益证券的几种收益率的计算方法，包括内部收益率、到期收益率、当期收益率、有效收益率等。

该实验要求如下:

1. 掌握固定收益证券收益率计算的基本原理与计算公式;

2. 熟练掌握运用 SAS 函数或者 Excel 函数计算固定收益证券的几种收益率的操作方法和操作步骤。

二、实验说明

内部收益率(Internal Rate of Return)是一种利率,它能使现金流的现值等于初始投资的价格。

内部收益率计算公式如下:

$$P = \frac{C_1}{1+y} + \frac{C_2}{(1+y)^2} + \cdots + \frac{C_n}{(1+y)^n} \quad (2\text{-}8)$$

其中,P 为价格,C_i $(i=1,2,\cdots,n)$ 为第 i 期现金流,y 为内部收益率,n 为期数。

到期收益率(Yield to Maturity)是与债券联系在一起的术语,指投资者持有债券至到期日时所获得的内生收益率。由此,到期收益率也是一种内部收益率。

到期收益率的计算公式如下:

$$P = \frac{C}{1+y} + \frac{C}{(1+y)^2} + \cdots + \frac{C}{(1+y)^n} + \frac{Par}{(1+y)^n} \quad (2\text{-}9)$$

其中,P 为价格,C 为半年期的票息,y 为到期收益率的一半,n 为期数,Par 为面值。

债券当期收益率定义如下:

$$当期收益率 = \frac{息票率 \times 面值}{债券当前价格} \quad (2\text{-}10)$$

有效年利率与周期性利率之间的换算关系如下:

$$有效年利率 = (1+周期性利率)^m - 1 \quad (2\text{-}11)$$

其中,m 为每年支付的频率。

三、实验步骤及示例

(一)内部收益率的计算

假定一种金融工具有如表 2-1 所示的年金支付,金融工具的价格为 7704 美元,试求它的内部收益率。

表 2-1 一种金融工具的年金支付

从现在算起的年数	预计支付年金(美元)
1	2 000
2	2 000
3	2 500
4	4 000

可以直接用 SAS 函数：

$$\text{yield}=\text{irr}(1,-7704,2000,2000,2500,4000)$$

其中，函数 IRR(freq,$c_0,c_1,\cdots,c_n$)，freq 表示每年产生现金流次数，c_0-c_n 为现金流。

或用 Excel 函数 IRR(A1:A5)，这里 A1:A5 记录现金流，计算结果一致。

（二）到期收益率的计算

假定发行者每 6 个月支付 1 000 000 美元给证券持有者并连续支付 30 次，到期后的支付额为 20 000 000 美元。发行时，发行者筹得资金为 19 696 024 美元。计算得知，资金总成本率为 5.10%(半年期)。

可以直接用 SAS 函数：

$$\text{yield}=\text{yield}p(20000000,2000000/20000000,2,30,0.5,19696024)$$

其中，函数 yield$p(A,c,n,K,k_0,p)$中，A 表示面值，c 为小数形式表示的名义年息票率，n 为年付息次数，K 为从现在起至到期日期间的付息次数，k_0 为现在到下一个付息日的时间，p 为价格。

或用 Excel 函数：

$$\text{yield}=\text{RATE}(30,1000000,-19696024,20000000,0)$$

其中，函数 RATE(Nper,Pmt,Pv,Fv,Type)中，Nper 表示付息次数，Pmt 表示票息金额，Pv 表示价格（初期现金流出，故为负值），Fv 表示期末现金流，Type 表示付款时间在期初还是期末：0 表期初，忽略表期末，二者的计算结果一致。

（三）有效年利率计算

半年期周期利率为 4%时，有效年收益率为 8.16%。如果利息按季支付，那么周期利率为 2%时，有效年利率为 8.24%。

上例也可以直接用 SAS 函数：

$$r=\text{compound}(1,1.02,\cdots,0.25)$$

其中，函数 compound(a,f,r,n)中，a 表示期初值，f 表示期末值，r 为有效年利率，n 为年付息次数倒数。

也可以用 Excel 函数 r=EFFECT(0.08,4)，计算结果一致。

实验四　久期和凸性的计算

一、实验目的与要求

依据证券投资学理论以及给定的债券基本信息，运用 Excel 软件进行债券的久期和凸性的计算，通过久期和凸性去衡量由于债券收益率变化一个单位所引起的债券价值发生的变化程度。

该实验要求如下:

(1) 了解久期和凸性的基本概念;

(2) 掌握使用 Excel 进行久期和凸性计算的基本方法。

二、实验说明

零息票债券把债券价值和到期收益率联系起来,因为对于这种特殊的情况,债券的到期期限与债券现金流的重心恰好对应。久期,即现金流(利息支付和本金支付)现值的加权平均,代表了债券现金流的重心位置(以年来表示)。对于附息债券来说,债券价值和到期收益率之间并没有直接的联系。但是,可以通过久期(看作斜率或者价值与收益率的一阶导数)和凸性(看作曲率或者价值和收益率的二阶导数)去衡量由于债券收益率变化一个单位所引起的债券价值发生的变化程度。但是有一点要提醒读者,这种分析假设利率期限结构是平行移动的,但实际情况往往并不是这样,这也是这种估计方法的重要缺陷。尽管存在这样的问题,但是久期和凸性仍然被从业人员广泛使用,这也是本章介绍它们的原因。

麦考利(Macaulay)久期的计算是用单个现金流现值的总和除以债券的现值,也可以通过 VBA 用户定义函数中 Chua 的债券久期公式 Chua Bond Duration (Chua, 1984)进行计算。而从业人员一般使用修正久期,即麦考利久期除以 1 与到期收益率之和。当参数 imod 取 1 时 Chua Bond Duration 函数返回修正久期的值。债券凸性的计算比久期更复杂,但是可以通过用户定义函数 Black Orszag Convexity(Black and Orszag,1996)进行计算。最后,我们利用修正久期和凸性说明如何估算当到期收益率发生一定变化时债券价值所发生的变化。

三、实验步骤及示例

(一)麦考利久期的计算

例如,债券的到期期限为 10 年(B81),票面利率为 5%(B79),当前的到期收益率为 7.04%(B83 离散利息支付),参数如图 2-14 所示。

	A	B
75		
76	Calculating Duration of Coupon Bonds	
77		
78	Bond Face Value (L)	1.00
79	Annual Coupon (cpct)	0.05
80	0 (nowyr)	0
81	s (zeroyr)	10
82	Coupons per year (coupyr)	1
83	Bond ytm	7.04%

图 2-14 参数说明

麦考利久期的计算是单个现金流现值的总和(I91 单元格)除以债券的现值(H91 单元格)。如图 2-15 所示,得出麦考利久期的数值为 7.93(B88 单元格)。

其中(以 $s=2$ 为例),PV factor(贴现因子)的计算如图 2-16 所示。

	A	B	C	D	E	F	G	H	I
76	**Calculating Duration of Coupon Bonds**								
77									
78	Bond Face Value (L)	1.00			Year	CFs	PV factor	PV CFs	Year * PV CFs
79	Annual Coupon (cpct)	0.05							
80	0 (nowyr)	0			1	0.050	0.934	0.047	0.047
81	s (zeroyr)	10			2	0.050	0.873	0.044	0.087
82	Coupons per year (coupyr)	1			3	0.050	0.815	0.041	0.122
83	Bond ytm	7.04%			4	0.050	0.762	0.038	0.152
84					5	0.050	0.712	0.036	0.178
85	Coupon (cper)	0.05			6	0.050	0.665	0.033	0.199
86	Bond value	0.857			7	0.050	0.621	0.031	0.217
87					8	0.050	0.580	0.029	0.232
88	Macaulay duration	=I91/H91			9	0.050	0.542	0.027	0.244
89	Macaulay duration via fn	#NAME?			10	1.050	0.506	0.532	5.316
90									
91							Sum	0.857	6.795

图 2-15　麦考利久期的计算

	A	B	C	D	E	F	G	H	I
76	**Calculating Duration of Coupon Bonds**								
77									
78	Bond Face Value (L)	1.00			Year	CFs	PV factor	PV CFs	Year * PV CFs
79	Annual Coupon (cpct)	0.05							
80	0 (nowyr)	0			1	0.050	0.934	0.047	0.047
81	s (zeroyr)	10			2	0.050	=1/(1+$B$83)^E81	0.044	0.087
82	Coupons per year (coupyr)	1			3	0.050	0.815	0.041	0.122
83	Bond ytm	7.04%			4	0.050	0.762	0.038	0.152
84					5	0.050	0.712	0.036	0.178
85	Coupon (cper)	0.05			6	0.050	0.665	0.033	0.199
86	Bond value	0.857			7	0.050	0.621	0.031	0.217
87					8	0.050	0.580	0.029	0.232
88	Macaulay duration	7.93			9	0.050	0.542	0.027	0.244
89	Macaulay duration via fn	#NAME?			10	1.050	0.506	0.532	5.316
90									
91							Sum	0.857	6.795

图 2-16　贴现因子的计算

PV CFs（债券现值）的计算如图 2-17 所示。

	A	B	C	D	E	F	G	H	I
76	**Calculating Duration of Coupon Bonds**								
77									
78	Bond Face Value (L)	1.00			Year	CFs	PV factor	PV CFs	Year * PV CFs
79	Annual Coupon (cpct)	0.05							
80	0 (nowyr)	0			1	0.050	0.934	0.047	0.047
81	s (zeroyr)	10			2	0.050	0.873	=F81*G81	0.087
82	Coupons per year (coupyr)	1			3	0.050	0.815	0.041	0.122
83	Bond ytm	7.04%			4	0.050	0.762	0.038	0.152
84					5	0.050	0.712	0.036	0.178
85	Coupon (cper)	0.05			6	0.050	0.665	0.033	0.199
86	Bond value	0.857			7	0.050	0.621	0.031	0.217
87					8	0.050	0.580	0.029	0.232
88	Macaulay duration	7.93			9	0.050	0.542	0.027	0.244
89	Macaulay duration via fn	#NAME?			10	1.050	0.506	0.532	5.316
90									
91							Sum	0.857	6.795

图 2-17　债券现值的计算

Year *PV CFs（单个现金流现值）的计算如图 2-18 所示。

	A	B	C	D	E	F	G	H	I
76	**Calculating Duration of Coupon Bonds**								
77									
78	Bond Face Value (L)	1.00			Year	CFs	PV factor	PV CFs	Year * PV CFs
79	Annual Coupon (cpct)	0.05							
80	0 (nowyr)	0			1	0.050	0.934	0.047	0.047
81	s (zeroyr)	10			2	0.050	0.873	0.044	=E81*H81
82	Coupons per year (coupyr)	1			3	0.050	0.815	0.041	0.122
83	Bond ytm	7.04%			4	0.050	0.762	0.038	0.152
84					5	0.050	0.712	0.036	0.178
85	Coupon (cper)	0.05			6	0.050	0.665	0.033	0.199
86	Bond value	0.857			7	0.050	0.621	0.031	0.217
87					8	0.050	0.580	0.029	0.232
88	Macaulay duration	7.93			9	0.050	0.542	0.027	0.244
89	Macaulay duration via fn	#NAME?			10	1.050	0.506	0.532	5.316
90									
91							Sum	0.857	6.795

图 2-18　单个现金流现值的计算

也可以通过 VBA 用户定义函数中 Chua 的债券久期公式 Chua Bond Duration 进行计算。而从业人员一般使用修正久期，即麦考利久期除以 1 与到期收益率的和。当参数 imod 取 1 时，债券久期公式 Chua Bond Duration 返回修正久期的值，如图 2-19 所示（B95 单元格）。

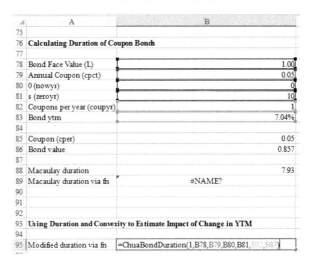

图 2-19　修正久期的计算

（二）凸性的计算

通过用户定义函数 Black Orszag Convexity 进行计算，如图 2-20 所示，B97 单元格对凸性进行了计算。

图 2-20　凸性的计算

最后，我们利用修正久期（B95 单元格）和凸性（B97 单元格）说明如何估算当到期收益率发生一定变化时债券价值所发生的变化。如图 2-21 所示，B101 单元格中的公式设债券价格变化的百分比等于到期收益率的变化乘上修正久期的负数后，再加上到期收益率变化的平方与凸性一半的乘积。

	A	B
93	**Using Duration and Convexity to Estimate Impact of Change in YTM**	
94		
95	Modified duration via fn	#NAME?
96		
97	Convexity via fn	#NAME?
98		
99	Change in yield	**0.01**
100		
101	Bond price % change	=-B95*B99+0.5*B97*B99^2
102		
103	New bond value (estimate)	#NAME?

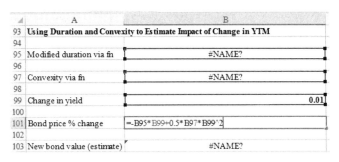

图 2-21　债券价值变化的计算

例如，如图 2-22 所示，B99=0.01，即到期收益率增加 0.01，变为 8.04%（G95 单元格），债券价格会下降 7.06%，到 0.7962（单元格 H110，即到期收益率变为 8.04%后债券现金流的现值之和）。

	A	B	C	D	E	F	G	H
93	**Using Duration and Convexity to Estimate Impact of Change in YTM**							
94								
95	Modified duration via fn	#NAME?				New ytm	8.04%	
96								
97	Convexity via fn	#NAME?			Year	CFs	PV factor	PV CFs
98								
99	Change in yield	**0.01**			1	0.050	0.926	0.046
100					2	0.050	0.857	0.043
101	Bond price % change	#NAME?			3	0.050	0.793	0.040
102					4	0.050	0.734	0.037
103	New bond value (estimate)	#NAME?			5	0.050	0.679	0.034
104					6	0.050	0.629	0.031
105					7	0.050	0.582	0.029
106					8	0.050	0.539	0.027
107					9	0.050	0.498	0.025
108					10	1.050	0.461	0.484
109								
110						New bond value (actual)		0.7962

图 2-22　债券价值变化计算示例

这样，在假设收益率曲线发生平行移动的情况下，久期和凸性能够很好地估计债券价值发生的变化。

实验五　美国运通 TRS 付款卡应收账款证券化案例分析

一、应收账款证券化

（一）概述

多年以来，我国上市公司的应收账款持续维持在高位，导致公司资金严重不足，增大了经营成本。为此，人们正积极寻找一种既能充分发挥应收账款的促销作用，又能控制和降低应收账款成本的管理办法，应收账款证券化便是重要尝试之一。

资产证券化是近三十年来国际金融领域最重大和发展最迅速的金融创新工具。它将缺乏流动性但具有预期未来稳定现金流量的资产汇集起来，形成一个资产池，通过结构性重组，将其转变为可以在金融市场上出售和流通的证券，进而进行融资。证券化的实质是融资者将被证券化的金融资产的未来现金流量收益权转让给投资者，而金融资产的所有权可以转让也可以不转让。在国际上，证券化的应收账款已经覆盖了汽车应收款、信用卡应收款、租赁应收款、航空应收款、高速公路收费等极为广泛的领域。

（二）优势

1. 优良的筹资方式

应收账款证券化是指将应收账款直接出售给专门从事资产证券化的特设信托机构（SPV），汇入 SPV 的资产池的过程。经过重组整合与包装后，SPV 以应收账款为基础向国内外资本市场发行有价证券，根据应收账款的信用等级、质量和现金流量大小确定所发行证券的价格。将应收账款出售给精通证券化的 SPV，能够提高公司资产的质量，加强流动性，改善公司融资能力，还可以省去公司管理应收账款的麻烦，转移因应收账款而带来的损失风险。同时，这种融资方式通常融资费用较低，并可享受更为专业化的融资服务。

2. 低廉的管理成本

资产证券化的一项重要内容就是要实现证券化资产的破产隔离，也就是将应收账款从公司（发起人）的资产负债表中剥离出去，缩小破产资产的范围，降低破产成本。这样可提高公司资产质量，减少公司管理成本。同时，由于保险公司、共同基金和养老金基金等大型机构投资者都倾向于选择较高质量的证券，一般的公司债券难以获得这些机构的投资，而证券化过程所采用的资产信用增级技术使得证券质量得以提高，使得公司融资变得较为容易。

3. 交易成本降低

应收账款证券化由专门的机构进行，这些机构精通应收账款的管理。作为应收账款的拥有者来说，只要将应收账款出售给这样的机构就可以免去对应收账款的跟踪、追缴之苦，减少坏账损失，从而大大降低交易成本。

此外，应收账款证券化有利于优化财务结构，能够更加充分地利用资产并优化公司投资组合。

（三）运作模式

应收账款证券化的主要参与者包括发起人（即应收账款出售方）、服务人、发行人（SPV）、投资银行、信托机构、信用评级机构、信用增级机构、资产评估机构和投资者等。以上机构在资产证券化市场中各自有着不同的作用。信用评级机构和信用增级机构对应收账款支持证券的发行是非常重要的，关系到证券发行是否成功和发行成本的大小；信托机构则通过特设托收账户对证券化的应收账款进行催收和管理，并根据证券化的委托协议负责向投资者清偿本金和利息。应收账款证券化的具体运作程序可分为以下五个阶段：

1. 选择证券化的应收账款

在应收账款证券化过程中，一个重要的问题是选择适合的应收账款。并非任何应收账款都适宜证券化，可用于证券化的应收账款应具备以下特征：①有一定可预见的现金流入量；②从应收账款获得的利息收入应足以支付抵押证券的利息支出；③具有抵押价值和清偿价值；④还款条件明确。

2. 组建证券化载体 SPV，实现真实销售

SPV 有时可以由原始权益人设立，但它是一个以应收账款证券化为唯一目的的信托实体，只从事单一的业务：购买证券化应收账款，整合应收权益，并以此为担保发行证券。它在法律上完全独立于原始资产持有人，不受发起人破产与否的影响，其全部收入来自应收账款支持证券的发行。为降低应收账款证券化的成本，SPV 一般都设在免税国家和地区。

3. 完善交易结构，进行内部评级

为完善应收账款证券化的交易结构，SPV 需要同原始权益人一起与托管银行签订托管合同，必要时要与银行达成提供流动性支撑的周转协议。之后，信用评级机构通过审查各种合同和文件的合法性及有效性，对交易结构和应收账款支持证券进行考核评价，给出内部评级结果。一般而言，此时的评级结果并不是很理想，很难吸引投资者。

4. 信用提高

在证券的发行中，应收账款支持证券的偿付依赖于被证券化的应收账款所产生的未来的现金流入的顺利实现，这对投资者而言存在一定的风险，为此可以采取以下措施：①破产隔离。通过剔除原始权益人的信用风险对投资收益的影响，提高应收账款支持证券的信用等级。②划分优先证券和次级证券。对优先证券的本息支付优于次级证券，付清优先证券本息之前仅对次级证券付息，付清优先证券本息之后再对次级证券还本。这样降低了优先证券的信用风险，提高了它的信用等级。③金融担保。由另一家信用良好的金融机构提供信用担保，并由应收账款出让方给予证券回购承诺，即一旦证券到期而本息得不到及时支付，应由担保方或应收账款出售方代为支付，以保护投资者的利益。

5. 证券评级与销售

信用提高后，发行人还需聘请信用评级机构对应收账款支持证券进行正式的发行评级，并将评级结果向投资者公告，然后由证券承销商负责承销。发行完毕后，可在交易所或场外挂牌上市，在二级市场流通。最后，以证券发行收入支付购买证券化应收账款的价款，以证券化应收账款产生的现金流向投资者支付本金和利息。

证券化应收账款的发行，主要采用主信托的发行架构。主信托是相对于单一信托而言，发起人可以视需要随时转移新的应收账款进入该主信托，并据此不定期发行不同系列的固定收益证券。由于信用卡债权的特性为循环型的信用，信用卡持卡人可以随时消费、借款以及还款，因此信用卡债权的余额可能会随着持卡人的不同行为而产生大幅的波动，因此信用卡应收款证券化非常适合采用主信托架构。对于投资者而言，在主信托的发行架构下，投资者

共同分享同一发起人信托资产池所产生的收益,由于主信托资产池规模通常比单一信托的大,因此风险也较为分散。

证券化的资产池有三个不同的现金流周转期。现金流周转期包括应收款循环期、约定偿还期与提前偿还期。在应收款循环期,随着信用卡应收款不断被偿还,新产生的信用卡应收款持续地注入资产池,以维持资产池的稳定。国际上,应收款循环期通常为2—11年。在约定偿还期内,新的应收款不再注入,资产池的规模不断减小,直至投资者的本金和利息全部清偿完毕,期限通常为12个月。提前偿还期是一种先进的制度安排,当资产池出现严重缩水或者当发起人出现严重问题的时候,证券化资产就自动启动被迫提前偿还程序,立即开始偿还投资者的本金。这种制度安排最大限度地保证了投资者利益,避免了证券化资产长期的市场风险。

二、案例背景

（一）美国运通公司

美国运通旅游服务公司(American Express Travel Related Services Company, Inc.,TRS)创立于1850年,总部设在美国纽约。美国运通公司是国际上最大的旅游服务及综合性财务、金融投资及信息处理的环球公司,在信用卡、旅行支票、旅游、财务计划及国际银行业占领先地位,是在反映美国经济的道琼斯工业指数30家公司中唯一的服务性公司。

TRS对个人及公司提供了广泛的金融和旅游服务,它是付款卡金融服务以及通过美国运通绿色卡、金卡、白金卡、公司卡和Optima卡的消费信贷业务的首要提供者。另一产品是美国运通旅行支票,它被旅行者视作携带现金的一个安全而便利的选择。1991年年末,TRS通过一个位于120多个国家的由1 878个部门和独立机构组成的网络,为旅行支票持有者提供旅行服务。

TRS的其他业务有美国运通出版公司,包括多个杂志组合。TRS也提供直接邮寄销售服务、数据库营销和管理,以及保险服务。这些服务通常与美国运通卡捆绑提供。

在美国运通的其他公司中,IDS金融公司提供对个人、机构及企业的财务计划和资产管理产品和服务;第一数据公司提供对各种行业,尤其信用卡和结算卡行业消费者资金汇划行为、电信营销和电信服务行为、共同基金行业以及健康护理行业的信息加工和相关服务;而西尔逊·雷曼公司,是为全美乃至全世界的政府、机构和个人投资者服务的领先的全面经营的证券公司;美国运通银行为富裕的个人和优秀的金融机构提供金融服务,该银行在美国没有任何业务,除非该业务附属于其他国外受理的活动之中。

（二）TRS卡业务

1991年年底,全世界共有3 660万张生效的美国运通卡。1991年各种卡的账单业务总额为1 110亿美元,其中766亿美元是居住在美国的持卡人的账单。1991年年底,全世界超过 350 万个机构接受了美国运通卡（见附表 2-1，TRS 部分财务信息）。

TRS 战略的组成之一是为持卡人提供高水平的服务。它提倡把其持卡人作为"卡员"。除 Optima 卡之外，其他所有的卡都是付款卡，旨在作为便利的支付手段，而不是作为一种为购物融资的工具。除了 Optima 卡和延期付款计划的情况外，当卡员收到 TRS 开出的账单时，必须为其购买全额付款。付款卡没有预置的支出限额，最终每次购买都被"实时"（real time）清算。若该购买是由卡员过去的花销和支付方式及个人资源支持，收费自动核定。不符合标准的购买将通过 TRS 代表与卡员间的简短电话交谈在购买时解决。

Optima 卡是一种由美国运通百夫长（Centurion）银行——TRS 的一个全资附属机构——发行的循环信用卡。用 Optima 卡购买可以在日后支付，一般按照与主要利率关联的变动利率累计利息。

除了能在参加机构支付购买活动外，TRS 为所有的卡员提供了各种服务，包括 Sign&Travel 账户的延期付款计划，该账户为参加的卡员提供了延期支付旅行费用的选择权；其他服务，像每年收费总结和对参加金融机构所设的信贷限额，主要是金卡卡员和白金卡卡员可以获得。

TRS 根据卡的类型、每一账户卡的数量、卡员住处所在国，以及该卡标值的货币类型决定对卡员收取的年费。卡费是 TRS 收入的重要组成部分，1991 年总计为 18 亿美元。

在典型的付款卡或信用卡交易中，TRS 在卡员购买行为后于某一特定期间向商家支付。所支付的金额是购买价格的面值扣除折扣，折扣依赖于商家类型、支付量、对支付的时间规定和方法，以及上交付款的方法。1991 年，TRS 收益中有 35 亿美元是其全部 1 110 亿美元付款的折扣（见附录 2-1，TRS 部分财务信息）。然而卡员只被要求在收到账单时支付，因为在 TRS 付款给商家和卡员付款给 TRS 之间存在一个时滞，每位卡员的购买行为都产生了需要提供融资的应收账款。TRS 通过其全属分支结构，美国运通信贷公司（American Express Credit Company，以下简称 Credco）为其美国付款卡应收账款融资，并且部分地通过 Credco（主要通过百夫长 Optima 卡和延期付款计划）为应收账款融资。

（三）Credco

Credco 是 1962 年在德勒维尔组建的一家金融公司。它于 1965 年被美国运通收购，并于 1983 年成为其全资附属机构。它的主要职能是为 TRS 付款卡应收账款融资，这与其他金融公司，像通用汽车承兑公司为汽车贷款应收账款融资、Sears Roebuck 承兑公司为零售业务融资有相似之处。其负债大体上是用于为应收账款融资的债务构成（见附表 2-2，Credco 部分财务信息）。

Credco 以面值的一定折扣从 TRS 购入付款卡应收账款，这是因为没有对该应收账款收取利息。相反，Credco 要以面值购入像 Optima 这样的带息应收账款。所有由 Credco 购入的应收账款，由发卡人（TRS 发行的付款卡，百人银行发行的 Optima 卡）承担费用并开出账单、收款并提供相关服务。付款卡应收账款随其产生不断被购入，它的平均寿命恒定在 43

天（见附录2-2，Credco部分财务信息）。所有应收款均由Credco对TRS无追索权地购入。然而，由于未经授权或欺诈付款的应收账款则由TRS购回。结果，Credco承受了卡员违约的风险。

Credco在1991年年底拥有未清偿的短期债务79亿美元（其中75亿美元是商业票据），中期和长期债务39亿美元。所有Credco的债务均未经担保（见附表2-2，Credco部分财务信息）。

Credco的债务虽然未经TRS担保，然而Credco根据TRS的一项政策，即把Credco购入付款卡应收账款的折扣与其支出相关联，获得TRS的暗示性支持。选择的折扣率使Credco息税前盈余与其利息费用比率每年至少是125%。1987—1991年间该保障比率稳定在128%，年平均折扣率则在1.55%与1.78%之间变动。

1991年年底，Credco的商业票据分别被标准普尔和穆迪信用评级机构评为A－1+和PI。Credco商业票据可靠的评级部分地取决于公司能否维持一个不低于其未清偿商业票据50%的未使用承诺信贷限额。1991年年底该信贷限额达到39亿美元。1991年后期，伴随着运通长期债务评级由Aa2降至A1，Credco的长期债务评级被穆迪从Aa2降至Aa3。评级机构援引了西尔逊·雷曼兄弟公司的资产质量问题、Optima的信贷损失以及TRS盈利能力的不确定性，作为进行此次降级的理由。

Credco为了管理其利息费用及可能的利率变动风险，变动了其债务发售的期限。为其外币应收账款进行避免汇率变动损失的套期保值，Credco也发行了以外国货币标价的债务。TRS根据应收账款趋势和预期的当前和未来利率，以及季节性等因素确定了不同到期日的比例。实际的对短期债务定价和重置的决定由Credco参谋机构作出，它们在监督市场状态的同时，提供一个从1天到270天的期限范围。商业票据的订单可以从机构投资者手中直接取得，或从金融中介手中间接取得，该项工作由一个9人电话操作员小组进行。

1991年，Credco为其中期和长期债务同证券交易委员会达成了"推迟"（Shelf）登记便利。该登记允许Credco在接到简短通知时发行票据。1991年年底，该便利下仍有8.65亿美元的中期和长期可发行债务。

到目前为止，TRS几乎完全依赖Credco为付款卡应收账款融资。然而过去几年中，他们被许多以证券化为应收账款融资方法的投资银行所逼近。按照抵押贷款的证券化，资产证券化（也称作"结构融资"）对各种发行人而言已成为主要的融资来源（见附表2-3，资产支持证券市场）。观察者将证券化的成功归功于担保公司借款信用风险的恶化，以及能对证券进行评价和定价的机构投资者的日益老练（见附表2-4，新发行信用卡应收账款支持证券的典型投资者分类）。由此可见，证券化也是向某几类应收账款提供资金的经济而有效的来源，如对消费者信贷应收账款的证券化（见附表2-5，消费者信贷市场）。

1991年，美国资产证券化市场不包括有抵押证券，新的资产支持证券发行总计499亿美元，其中208亿美元是证券化的信用卡应收账款。首次信用卡应收账款的证券化是1987年1月由德勤维尔共和银行-得克萨斯共和银行的一家附属机构，进行的价值2亿美元的发售。1991年年底，主要信用卡发行人有大约1 020亿美元未清偿应收账款，其中40%已证券化（见附表2-6，主要信用卡发行人证券化水平）。

相反，付款卡应收账款本身不得不证券化。考虑到资产支持证券受到的广泛接受，TRS深感它们应对雷曼兄弟的建议予以认真考虑。如果实行起来，它必将标志着资产支持融资的创新。

（四）雷曼兄弟

雷曼兄弟公司是美国运通公司所属的西尔逊·雷曼兄弟公司的投资银行及资本市场部门。身为美国最老牌的投资银行之一，该公司为机构、公司和政府客户提供所需的各种金融服务已经近150年。凭借横跨国内、国际金融市场的经营活动，雷曼兄弟公司已成长为一家全球领先的金融机构。

雷曼兄弟公司由五个主要的经营业务部门组成：投资和商业银行部；固定收益部；产权部；互换与金融产品部；外汇、期货和商品部门。此外，还存在第六个部门——交易服务部，向公司提供交易技术系统和交易处理方面的支持。

资产支持证券银行组是固定收益部的一部分，负责政府机构券、抵押和资产支持证券公司债券、市政债券及商业票据等固定收益工具的发起、出售及交易活动。雷曼兄弟公司是资产支持证券的主要交易商之一，而且通过这些证券的积极造市确立了该机构在二级市场的实力与地位。此外，该公司通过扩大ABS银行组的规模，同时设法将高级管理层的注意力集中于市场成长之上，极大地加强了其原始承销能力。雷曼兄弟将美国运通付款卡交易视作其构造能力的重要证明，以及进一步确立其在资产支持证券领域富有革新精神的领先承销商地位的重要机会。

三、产品设计

（一）选择付款卡应收账款作为证券化的基础资产

雷曼兄弟的建议涉及对美国运通公司的消费者付款卡（绿色卡、金卡和白金卡）应收账款组合进行部分证券化。这次建议明确提出由应收账款担保的债务证券发行。这些应收账款将从TRS投资组合中分离出来，以避免它们免受到TRS和Credco的权利人和债权人的要求。这将通过将它们转移到一个特别指定的信托，也就是发行债务证券的实体来实现。雷曼兄弟为什么会建议TRS选择付款卡应收账款作为证券化基础资产？

1. TRS付款卡应收账款周转率高且稳定

对于信用卡来说有两种还款方式：一是全额还款并且可以在一定期限内享受免息优惠；另一个是信用卡最低还款额还款，卡员可以通过仅支付最低本金额和融资费，循环使用余额直到卡上的支出达到信用限度。

由于TRS付款卡的卡员没有循环使用付款卡余额的选择权，所以1989—1991年间，该应收账款的周转率（每年该组合完成了几次完全的偿还循环）为每年 7.5—7.7 次，因此若收益率为 3%，假定周转率为 7.5 次，该组合将产生每年 22.5% 的收益，这种产生高水平可预测收益的能力优于信用卡组合受到利率影响的维持收益的能力。

2. TRS 付款卡能有效遏制信用损失

不像信用卡，付款卡不存在预先设定的支出限度，因此卡员所有的购物行为必须由 TRS 在其购入时承担。对每笔购买的"实时"清算能力有助于降低坏账的发生率。当开出账单时，卡员也必须全额支付，这意味着积累应付账款坏账不可能不被注意到，并且它们会比信用卡账户持有人更早地被辨认出来。

3. TRS 付款卡应收账款的高支付率

该信托被授予对所有当前及未来由指定付款卡账户产生的应收账款的所有权。账户在开始时就被指定为从 TRS 组合里的合格账户中随机选出来的。因为账户要预先固定，信托实体的应收账款未清偿余额将随特定卡员的购买和支付方式而波动。

（二）确定主信托的发行架构

该信托应是一个"主信托"，旨在给 TRS 提供在发行多类债券，以及在不同时间发行债务，甚至在以后从信托增加或转移账户等方面的灵活性。

参照信用卡应收账款证券化，主信托是相对于单一信托而言，发起人可以视需要随时转移新的应收账款进入该主信托，并据以不定期发行不同系列的固定收益证券。由于信用卡债权的特性为循环型的信用，信用卡持卡人可以随时消费、借款以及还款，因此信用卡债权的余额可能会随着持卡人的不同行为而产生大幅的波动，因此信用卡应收款证券化非常适合采用主信托架构。对于投资者而言，在主信托的发行架构下，投资者共同分享同一发起人信托资产池所产生的收益，由于主信托资产池规模通常比单一信托的大，因此风险也较为分散。

（三）为信托创造收益

对于信用卡而言，应收账款由融资和本金收费构成，在此，融资收费是余额的利息、年费及折扣费的金额，而本金收费则是购买信用卡的面值。一般而言，信托债务的利息不能由融资收费所收款支付，而是直到被要求偿还债务本金时才进行利息支付，本金收费所得款通过购买新的应收款而再投资于信托。归债务持有人的超过利息的融资收费被用于违约损失和其他信托费用支出的弥补。因为信用卡应收款是平价购买的，所以信托的盈利能力取决于融资收费超过信托费用开支的金额。

举花旗集团信用卡组合的案例来说明。花旗集团在 1991 年的融资收费收益率为 19.9%，由于持卡人违约的损失率是 6.5%，服务及收款费率是 2.0%，所以在这些费用之后的组合收益率为 11.4%。这项净收益可用于对债务持有人支付利息，这些开支之后的残值为债务持有人提供了对持卡人违约上升及组合收益下降的保护。

由于美国运通付款卡员并不支付购物款的利息，雷曼必须设计出一种方法为信托创造收益，以吸收违约损失、支付信托开支，并支付信托的债务利息。作为解决方案，雷曼建议 TRS 以面值的一定折扣将应收账款出售给信托，这样就可将部分应收账款视作利息，其余的视作本金。利息部分被称为"收益"组成，并且利率首先被确定在 3%。因此，信托方将以应收账款的 100% 减去收益购入（这里为 97%）。为反映这项出售，收到的每 100 美元应收账款被分成 3 美元的收益和 97 美元的本金。收到的应收账款收益部分将被用于债务利息的支付以及其他支出，如服务费和卡员违约的损失。作为附属信用卡证券化，收到应收账款的本金部分将再投资于新的应收账款，直到被要求对信托债务进行本金偿还为止。

（四）改善信用

信用改善的方式有附属债务、信用证、现金担保、公司担保、准备资金、保证债券、超额担保化。在此次证券化之前，用附属债务和信用证来改善信用评级的方式较为普遍。但由于信用证发行人主要是银行，而银行又经历了信用状况的恶化，因此雷曼建议采用划分优先级和次级证券的方式来改善信用，也就是用一个附属债务要求权进行超额担保。

首先要出售大约 10 亿美元"A 类"债券。为使信托可以灵活地在以后发行额外债务，TRS 将把大约 25 亿美元应收账款转移给信托机构。之后新设一个"B 类"附属债券，以确保 A 类债务 AAA 的信用评级。同时 B 类债务与 A 类债务不同，B 类将采用私下发售。要使 A 类债务保持 AAA 的信用评级，B 类债务相对于 A 类债务的比例不一定要很大。在一般的信用卡结构中，由这种信用改善形式提供的额外保护在 10%—15% 之间，由于付款卡应收账款的优势，此处可以低至 3.5%（即对 10 亿美元 A 类债务有 350 万美元 B 类债务）。

投资者利益：A 类债务本金加上 B 类债务本金与总体信托应收账款的比率，即 10.35 亿美元/25 亿美元，最初为 41.4%。

卖方利益：余下的 58.6% 份额由 TRS 持有，用作将来债务发行的担保并被建议由 Credco 购入。

卖方利益和投资者利益将对信托资产有同步要求权，这意味着它们的要求权是按其利益的比例享有同等优先地位。

凭此结构，若信托中的指定账户按照以往模式，应收账款支付率的最低水平在 61.8%，可分配给投资者的现金流量将足以进行对两类（A 和 B）债务要求的支付，而且未付给债务持有人的和分配给投资人利益的那部分现金流量将返回 TRS。

另外证券化的资产池有三个不同的现金流周转期。现金流周转期包括：应收款循环期、约定偿还期与提前偿还期。当资产池出现严重缩水或者当发起人出现严重问题的时候，证券化资产就自动启动被迫提前偿还程序，并立即开始偿还投资者的本金。这时所收款中投资人利益部分将首先用于偿还 A 类债务的累计利息和本金金额，之后才是 B 类债务的利息和本金。

四、决策分析

（一）证券化会如何影响 Credco 的资产负债表

证券化之前，Credco 在 1991 年年底的资产负债表如表 2-2 所示。

表 2-2 证券化之前的资产负债表

（单位：10 亿美元）

资产		负债和权益	
应收账款	12.2	短期债务	8.7
		长期债务	3.1
其他	1.9	权益	2.3
总计	14.1	总计	14.1

证券化涉及将 25 亿 Credco 的消费者付款卡应收账款出售给总信托。同时，总信托将 A 类和 B 类证券（投资人利益）授予投资人，并且 Credco 买入剩余利益（卖方利益）。若出售的净收入（约 10 亿美元）被 Credco 用于其减少短期债务，其证券化后的资产负债表将大致如表 2-3 所示。

表 2-3 证券化之后的资产负债表

（单位：10 亿美元）

资产		负债和权益	
应收账款	9.7	短期债务	7.7
卖方利益	1.5	长期债务	3.1
其他	1.9	权益	2.3
总计	13.1	总计	13.1

这意味着 Credco 的负债权益比率（即杠杆比率）将从 5.1 降到 4.7。

负债权益比率是指企业的负债与所有者权益（股东权益）之间的比值。在广义的资本结构含义下，负债权益比率是指企业负债总额与所有者权益（股东权益）之间的比值，又称为产权比率。在狭义的资本结构含义下，负债权益比率是指企业的长期负债与所有者权益（股东权益）之间的比值。

负债权益比率的计算：

$$负债权益比率 = 负债总额 \div 股东权益$$

负债权益比率的高低，反映被审单位财务结构的强弱，以及债权人的资本受到所有者权益的保障程度。负债权益比率高，说明被审单位总资本中负债资本高，因而对负债资本的保障程度较弱；负债权益比率低，则说明被审单位本身的财务实力较强，因而对负债资本的保障程度较高。

Credco 的负债权益比率由 5.1 下降到 4.7，说明应收账款证券化使它的财务实力增强，负债资本的保障程度提高了。

（二）融资方式的比较

1. 应收账款证券化

应收账款证券化是一种既能充分发挥应收账款的促销作用，又能控制和降低应收账款成本的管理办法。证券化的实质是融资者将被证券化的金融资产的未来现金流量收益权转让给投资者，而金融资产的所有权可以转让也可以不转让，其特点如下：

（1）可以降低管理成本。将应收账款从公司（发起人）的资产负债表中剥离出去，缩小破产资产的范围，降低破产成本。这样可提高公司资产质量，减少公司管理成本。

（2）减少交易成本。应收账款证券化由专门的机构进行，可以免去对应收账款的跟踪、追缴之苦，减少坏账损失，从而大大降低交易成本。

（3）有利于优化财务结构，充分利用资产和优化公司投资组合。将应收账款出售给精通证券化的 SPV，能够提高公司资产的质量，加强流动性，改善公司融资能力，还可以省去公司管理应收账款的麻烦，转移因应收账款而带来的损失风险。

2. 商业票据

商业票据是指由金融公司或某些信用较高的企业开出的无担保短期票据。商业票据的可靠程度依赖于发行企业的信用程度，可以背书转让，可以贴现。商业票据的期限在 1 年以下，可以由企业直接发售，也可以由经销商代为发售，持有人具有一定的权利。其主要特点如下：

（1）期限较短，期限在 1 年以下；

（2）发行金额较大；

（3）利率较高，高于同期银行存款利率；

（4）风险较大，无担保。

3. 长期债务融资

长期借款（long-term loans）是指企业向银行或其他金融机构借入的期限在 1 年以上（不含 1 年）或超过 1 年的一个营业周期以上的各项借款。我国股份制企业的长期借款主要是向金融机构借入的各项长期性借款，如从各专业银行、商业银行取得的贷款；除此之外，还包括向财务公司、投资公司等金融企业借入的款项。其特点如下：

（1）筹资速度较快，有利于企业及时筹集所需要的资金；

（2）借款弹性较大；

（3）资金成本较低：筹资费用较低，借款利息在税前支付；

（4）具有财务杠杆作用，可以提高股东的收益；

（5）易于企业保守财务秘密；

（6）财务风险较大；

（7）限制条件多；

（8）筹资数量有限。

由以上三种融资方式的特点可以看出，应收账款证券化设有专门的机构对应收账款进行管理，企业无须承担管理成本。同时，证券化结构的创新使收益和风险分离，坏账风险被转移出企业。应收账款证券化能满足企业短、中、长期融资需求，具有很强的灵活性。此外，应收账款证券化具有一个独特的优势是其他融资方法无法企及的,其他融资方法是建立在企业整体财务和信誉基础之上的融资,是传统的融资方法,而应收账款证券化采用证券化结构技术将融资的基础建立在企业应收账款这一单项资产之上,摆脱了企业筹资往往会受到自身信用等级和财务状况限制的窘境,为整体财务状况和信誉不佳的企业提供了一条新的融资渠道。因此,总的说来,应收账款证券化是企业大规模融资时最佳的融资选择。

(三)证券化的决定因素

(1)应收账款证券化可以吸引那些以往从未投资于 Credco 商业票据和长期债务的投资者群体,从而使 TRS 的资金来源多样化;应收账款支持证券的 AAA 评级和证券化结构对非传统投资者具有相当大的吸引力。

(2)在应收账款证券化中,信用评级机构及证券交易委员会要求发卡人在证券出售情况说明书中披露消费者付款卡组合历史运行情况的详细信息。TRS 可能必须为满足披露要求而公开战略性敏感业务。

附表 2-1　TRS 部分财务信息

	1989 年	1990 年	1991 年
经营情况数据(10 亿美元)			
收入			
卡折扣	3.3	3.6	3.5
卡收费	1.5	1.8	1.8
利息和股利	1.8	2.3	2.5
其他	1.8	2.0	2.1
收入总额	8.4	9.7	9.9
支出			
利息支出			
Credco	0.9	1.0	0.9
其他	0.8	0.9	0.8
利息总额	1.7	1.9	1.7
信用损失准备			
付款卡	0.8	1.0	1.1
借款(Optima 等)	0.4	0.5	1.1
其他	0.1	0.1	0.1
损失准备总额	1.3	1.6	2.3
人力资源	1.3	1.7	1.8
营销和促销	1.0	1.0	1.0
其他	2.0	2.2	2.7
支出总额	7.2	8.4	9.5
税前净收入	1.2	1.3	0.4
税后净收入	0.8	1.0	0.4
资产负债表数据(10 亿美元)(截至 12 月 31 日的年度)			

（续表）

	1989 年	1990 年	1991 年
应收账款	13.4	15.4	14.8
贷款和折扣		8.3	9.5
其他	19.3	13.1	13.6
资产总额	32.7	36.8	37.9
负债总额	12.5	16.3	17.0
未清偿旅行支票	3.8	4.2	4.4
股东权益及其他	16.4	16.3	16.5
负债和所有者权益总额	32.7	36.8	37.9
其他统计数据			
开账单卡业务（10 亿美元）			
国内（U.S）	71.6	77.6	76.6
国际	28.3	33.9	34.9
总计	99.9	111.5	111.5
使用中的卡（百万美元）			
国内（U.S）	24.3	25.9	25.8
国际	9.8	10.6	10.8
总计	34.1	36.5	36.6
服务网点接受的卡（百万美元）	3.0	3.3	3.5

资料来源：1990 年和 1991 年美国运通公司年报。

附表 2-2　Credco 部分财务信息

	1987 年	1988 年	1989 年	1990 年	1991 年
经营活动数据（百万美元）					
购入的应收账款 [a]	72 589	82 481	90 584	103 440	99 778
收入 [b]	1 279	1 459	1 731	2 131	2 070
利息支出	638	745	898	1022	946
可疑账户准备，扣除收回数	452	506	565	811	855
所得税准备	59	56	71	99	87
净收入	122	147	190	191	174
资产负债表数据（百万美元）（截至 12 月 31 日的年度）					
应收账款	9 323	10 525	10 733	13 068	12 220
可疑账户准备金	484	524	550	719	731
其他	（467）	581	1327	435	1 176
资产总额	9 340	11 630	12 610	14 222	14 127
短期债务	4 159	4 930	5 506	7 450	7 918
长期债务中的流动部分	354	270	771	823	768
长期债务	3 502	4 322	3 795	3 403	3 136

（续表）

	1987年	1988年	1989年	1990年	1991年
股东权益	1 085	1 232	1 422	1 610	1 784
其他（例：国外附属机构贷款）	240	876	1116	936	521
负债和股东权益总额	9 340	11 630	12 610	14 222	14 127
关键统计数据					
盈余与固定费用比率	1.28	1.27	1.29	1.28	1.28
卡员应收账款的平均期限（天）	43	42	43	43	43
损失比率，扣除收回款	0.62%	0.55%	0.57%	0.70%	0.18%
总债务与收益比率	7.15	7.5	6.67	7.2	6.44
总债务的加权平均利率	8.3%	8.6%	9.4%	8.9%	7.7%

资料来源：1991年美国运通公司年报。

a. Credco购入的应收账款（998亿美元）不等于TRS开账单业务总额（1 110亿美元），因为Credco未购入全部的TRS国外附属机构产生的应收账款，并且未购入所有Optima和延期支付计划应收账款。

b. 收入包括带息、应收账款的融资收费收入以及付款卡应收账款购入的折扣收入。该折扣收入的一部分（与可疑账户准备等值）在购入时确认，余下的部分递延并在应收账款未清偿期间内按比例确认。

c. 损失比率是指该年扣除收回数后的冲销额与当年购入应收账款的比率。

附表2-3 资产支持证券市场（仅公开交易市场）

市场规模								
发行金额（10亿美元）								
担保类型	1985年	1986年	1987年	1988年	1989年	1990年	1991年	合计
信用卡应收账款	—	—	2.4	7.4	11.4	22.5	20.8	64.5
自动贷款	0.9	9.9	6.5	6.1	7.7	12.1	16.7	59.9
家庭产权贷款	—	—	—	—	2.7	5.6	10.3	18.6
其他 a	0.3	0.4	1.2	2.7	3.2	1.9	2.1	11.8
发行总额	1.2	10.3	10.1	16.2	25.0	42.1	49.9	154.8
占总发行的百分比（%）								
原始承销人类型	1985年	1986年	1987年	1988年	1989年	1990年	1991年	合计额比例
银行	12.9	5.6	38.2	62.2	48.3	52.1	42.1	45.0
财务公司	69.8	88.7	46.6	13.1	35.1	37.7	47.8	42.2
零售商	—	—	13.2	10.7	8.4	5.4	7.1	7.1
储蓄机构	17.3	5.7	11.2	11.2	4.4	1.5	4.4	5.0
其他	—	—	4.0	0.4	1.5	0.3	0.2	0.7
市场大事年表								

担保类型	首次发行日期	截至1991年12月31日已发行金额（10亿美元）
计算机租赁	1985年3月	1.3

(续表)

	市场大事年表	
担保类型	首次发行日期	截至1991年12月31日已发行金额（10亿美元）
汽车贷款	1985年5月	60.0
信用证应收账款	1987年1月	64.6
贸易应收账款	1987年9月	0.3
消费者贷款	1987年11月	1.1
卡车贷款	1988年5月	0.6
船只贷款	1988年9月	1.0
厂房贷款	1988年9月	5.2
飞机租赁	1988年9月	0.2
设备租赁	1988年10月	0.6
RV贷款	1988年12月	1.4
家庭产权贷款	1989年1月	18.5
分期应收账款	1989年8月	0.1
总计		154.8

资料来源：雷曼兄弟公司。

a. 该类包括下列担保类型：批发汽车贷款、RV贷款、计算机设备租赁、船只贷款等。

附表2-4　新发行信用卡应收账款支持证券的典型投资者分类

投资者类型	已发行金额的百分比（%）
资金管理者	25
养老基金	15
公司	5
银行资产组合	10
银行信托机构	10
保险公司	25
政府实体（如：联邦主办机构）	10
合计	100

资料来源：雷曼兄弟公司。

附表2-5　消费者信贷市场

	未清偿的消费者信誉（10亿美元）						
类型	1985年	1986年	1987年	1988年	1989年	1990年	1991年
汽车贷款	211	245	267	284	291	285	268
循环贷款	123	135	159	184	210	232	248
家庭产权贷款	108	131	179	220	238	264	296
合计	442	511	605	688	739	781	812

资料来源：雷曼兄弟公司。

附表 2-6 主要信用卡发行人证券化水平

发行人	应收账款组合（10亿美元）	证券化比例（%）
美国运通百人银行	6.9	0
AT&T 万能卡	3.8	0
美洲银行	6.2	0
纽约银行	3.9	35
大通曼哈顿银行	10.3	29
化学银行	5.9	6
花旗银行	34.2	64
发现者	11.6	46
芝加哥第一银行	7.0	53
家庭金融	3.8	57
MBNA	8.2	32
应收账款总额/加权平均部分	101.8	40

资料来源：雷曼兄弟公司。

本章参考文献

[1] 吴冲锋, 王海成, 吴文峰. 金融工程研究[M]. 上海：上海交通大学出版社, 2000.

[2] 张雪莹, 金德环. 金融计量学教程[M]. 上海：上海财经大学出版社, 2005.

[3] 克里斯·布鲁克斯. 金融计量经济学导论[M]. 邹宏元, 译. 成都：西南财经大学出版社, 2005.

[4] 李和金, 胡文伟等. 利率期限结构与固定收益证券定价[M]. 北京：中国金融出版社, 2005.

[5] 王炜辰, 叶秩. 含权债券久期计算及其在风险管理中的应用[J]. 中国证券期货, 2010(5):36-38.

[6] 陈传秀. 基于 Vasicek 模型的利率期限结构实证与应用研究[D]. 大连：东北财经大学, 2007.

[7] 罗斯, 威斯特菲尔德, 杰富. 公司理财[M]. 吴世农, 译. 北京：机械工业出版社, 2012.

[8] Hull J C. Options, Futures, and Other Derivative Securities (Second ed.)[M]. Englewood Cliffs, NJ: Prentice Hall Inc, 1993: 99-101.

[9] Jonathan B, Peter D. Corporate Finance (Second ed.) [M]. Boston, MA: Prentice Hall, 2011: 966-969.

第三章　股权类金融工具模拟设计

【本章导读】

本章主要介绍在 Excel 的操作环境下股权类金融工具的模拟设计。通过本章的学习，学生应该能够：

1. 利用股息贴现模型，并运用 Excel 软件和 RESSET 实验教学辅助软件计算股票的价格；
2. 应用黄和利曾伯格的方法，使用 Excel 的数组函数在电子表格中求出有效边界；
3. 运用 Excel 软件和 RESSET 实验教学辅助软件对系统性风险 Beta 系数进行估计；
4. 在 Excel 环境下应用风格分析方法对投资基金进行评价。

实验一　股票的定价

一、实验目的与要求

在给定股票红利基本信息的情况下，利用股息贴现模型，并运用 Excel 软件和 RESSET 实验教学辅助软件计算股票的价格。

该实验要求如下：

1. 了解股票定价的基本原理；
2. 掌握使用 Excel 进行股票价格计算的基本方法。

二、实验说明

结合 Excel 软件和 RESSET 实验教学辅助软件，利用股息贴现模型为支付红利的股票定价。首先从 RESSET/DB 中直接查询相关的股票红利基本信息，然后利用所得信息在 Excel 中进行运算，得到股票价格。

三、实验步骤及示例

从 RESSET/DB 中直接查询相关股票的基本信息，进行计算：

1. 登录 RESSET/CAD；

2. "投资学"中的"股票定价和债券定价"，点击"开始实验"将上一步得到的数据填入相应的表格中，进行实验。图 3-1 为实验过程截图，图中"表 1 股票基本输入数据""表 3 债券基本输入数据"中的字段为通过查询得到的基本信息需要输入，"表 2 股票价格""表 4 应计票息"以及"表 5 债券价格"为实验输出的结果。

股票和债券定价						锐思数据 RESSET
股票定价						
说明						
1. 表1、表2用来计算股票价格。						
2. 黑色字体标识数据为用户输入数据，蓝色字体标识数据为计算所得。						
表1 股票基本输入数据						
每年红利	年利率					
0.8	0.1					
表2 股票价格						
8						
债券定价						
说明						
1. 表3、表5用来计算债券价格。						
2. 黑色字体标识数据为用户输入数据，蓝色字体标识数据为计算所得。						
表3 债券基本输入数据						
债券成交日	债券到期日	年息票利率	年收益率	面值100的有价证券的清偿价值		年付息次数
1998-5-5	2007-9-1	0.1	0.06	100		4
注：年付息次数可以为1, 2, 4.						
表4 应计票息						
距上次付息天数	本次付息天数	应计票息				
65	92	1.77				
表5 债券价格						
净价	全价					
128.40	130.17					

图 3-1 股票定价

实验二 求有效边界——应用黄和利曾伯格的方法

一、实验目的与要求

通过应用黄和利曾伯格的方法，学会使用 Excel 的数组函数在电子表格中求出有效边界的基本操作方法，熟悉在 Excel 环境下生成有效边界的操作步骤。

该实验要求如下：

1. 掌握投资组合的收益、风险的概念，学会计算组合收益与风险；
2. 掌握有效组合、有效边界的定义，并熟练运用 Excel 软件进行相关操作；
3. 熟练掌握在 Excel 环境下应用黄和利曾伯格方法寻找有效组合，进而生成有效边界的操作方法和操作步骤。

二、实验说明

在保证期望收益不变的情况下，微调不同资产的权重会得到一个风险最小的投资组合，风险最小的投资组合也被称为有效组合，所有代表有效组合的点组成的曲线即为有效边界。在这里，投资组合的权重之和必须为 1，但除此之外，没有其他限制条件，因此称之为"无约束边界"。对投资者所持有的单个资产权重加上约束条件（这将会把整个投资组合的收益限制在一个较小的范围内），可以计算"有约束边界组合"。这里仅对应用黄和利曾伯格方法生成无约束边界的步骤进行详细说明。

对单个资产的权重不加任何限制时，有效边界可以用数学方法推导出来。虽然一些更高级的教科书（例如埃尔顿和格鲁伯，1995），是通过反复迭代求解一组联立方程来得到有效边界，但有一种更加简洁有效的方法。黄和利曾伯格（以下简称 HL）给出了如何找到有效边界上的两个点，并在这两个点的基础上得到整个边界（直接应用布莱克的结论）。下面将介绍如何使用 Excel 的数组函数在电子表格中求出有效边界。

三、实验步骤及示例

图 3-2 为本次实验所用的三项资产的基本情况。本次实验所用资产包括国库券、债券和股票，研究如何在给定目标收益的情况下，调整不同资产的权重从而得到一个风险最小的投资组合（投资组合的权重之和必须为 1）。

	A	B	C	D	E
1	Equity1.XLS				
2	Using Solver to generate the Constrained Frontier				
3					
4	Asset Data		Exp Ret	Std Dev	
5		TBills	0.6%	4.3%	
6		Bonds	2.1%	10.1%	
7		Shares	9.0%	20.8%	
8					
9	Correlation Matrix		TBills	Bonds	Shares
10		TBills	1.00	0.63	0.09
11		Bonds	0.63	1.00	0.23
12		Shares	0.09	0.23	1.00
13					
14	VCV matrix		TBills	Bonds	Shares
15		TBills	0.0018	0.0027	0.0008
16		Bonds	0.0027	0.0102	0.0048
17		Shares	0.0008	0.0048	0.0433

图 3-2 资产基本情况

如图 3-3 所示，期望收益向量（C5:C7）被命名为 e，权重向量（I5:I7）为 ω，（A24:A26）所表示的向量命名为 u，（C15:E17）所代表的方差—协方差矩阵命名为 V。

	A	B	C	D	E	F	G	H	I	J	K
1	Equity1.XLS										
2	Using Algebra to reproduce Unconstrained Frontier Portfolios										
3											
4	Asset Data		Exp Ret	Std Dev				Portfolio Weights			
5		TBills	0.6%	4.3%				TBills	33.3%		
6		Bonds	2.1%	10.1%				Bonds	33.3%		
7		Shares	9.0%	20.8%				Shares	33.3%		
8											
9	Correlation Matrix		TBills	Bonds	Shares						via fn
10		TBills	1.00	0.63	0.09			Exp Ret	3.90%	#NAME?	
11		Bonds	0.63	1.00	0.23			Variance	0.0080		
12		Shares	0.09	0.23	1.00			Std Dev	8.95%	#NAME?	
13											
14	VCV matrix		TBills	Bonds	Shares			VCV inverse			
15		TBills	0.0018	0.0027	0.0008				901.51	-246.92	10.80
16		Bonds	0.0027	0.0102	0.0048				-246.92	171.13	-14.52
17		Shares	0.0008	0.0048	0.0433				10.80	-14.52	24.53
18											
19											
20	Finding weights, g and h, to generate points on the frontier										
21											
22		uvec	l	m					g	h	g+h
23						A	3.97				
24	1		1.20	665.40		B	0.20		124.0%	-1851.9%	-1727.9%
25	1		0.81	-90.30		C	595.91		-20.5%	805.2%	784.6%
26	1		1.97	20.82		D	104.15		-3.5%	1046.7%	1043.2%
27											
28								Exp Ret	#NAME?	#NAME?	#NAME?
29								Std Dev	#NAME?		#NAME?

图 3-3　投资组合的基本情况

投资组合的方差为矩阵乘积 $\omega^T V \omega$，如图 3-4 所示（单元格 I11）。

	A	B	C	D	E	F	G	H	I	J
1	Equity1.XLS									
2	Using Algebra to reproduce Unconstrained Frontier Portfolios									
3										
4	Asset Data		Exp Ret	Std Dev			Portfolio Weights			
5		TBills	0.6%	4.3%			TBills		33.3%	
6		Bonds	2.1%	10.1%			Bonds		33.3%	
7		Shares	9.0%	20.8%			Shares		33.3%	
8										
9	Correlation Matrix		TBills	Bonds	Shares					via fn
10		TBills	1.00	0.63	0.09		Exp Ret		3.90%	#NAME?
11		Bonds	0.63	1.00	0.23		Variance	=MMULT(TRANSPOSE(I5:I7),MMULT(C15:E17,I5:I7))		
12		Shares	0.09	0.23	1.00		Std Dev	#VALUE!		#NAME?
13								MMULT (第一组数值，第二组数值)		
14	VCV matrix		TBills	Bonds	Shares		VCV inverse			
15		TBills	0.0018	0.0027	0.0008			901.51	-246.92	10.80
16		Bonds	0.0027	0.0102	0.0048			-246.92	171.13	-14.52
17		Shares	0.0008	0.0048	0.0433			10.80	-14.52	24.53

图 3-4　投资组合的方差计算

用 HL 法寻找有效组合时，需要知道方差—协方差矩阵的逆，这里记为 V^{-1}。Excel 中专门用来进行矩阵求逆计算的函数是 MINVERSE。如图 3-5 所示，在使用数组函数时，需要在表中一个 3×3 的区域 H15:J17 中输入公式：

$$=MINVERSE(C15:E17)$$

注意，对数组函数而言，在选择好单元格区域并输入正确的公式之后，必须按下组合键 Ctrl＋Shift＋Enter 来结束输入（如果没有出现数组公式括号{}，可以按下 F2 键重试一次）。

图 3-5 矩阵求逆

为了得到两个边界组合（标记为 g 和 $g+h$），黄和利曾伯格方法首先计算出 4 个数值（A、B、C 和 D）。前 3 个值（A、B 和 C）是由前面的几个向量和矩阵计算得到，第 4 个值 D 则是由 A、B、C 计算得到：

$$A = u^{\mathrm{T}}V^{-1}e, \quad B = e^{\mathrm{T}}V^{-1}, \quad C = u^{\mathrm{T}}V^{-1}u, \quad D = BC - A^2$$

现在引入两个临时行向量 $I = V^{-1}e$ 和 $m = V^{-1}u$，结果分别存储在单元格区域（C24:C26）和（D24:D26）中，如图 3-6 所示。则上面 4 个矩阵乘法的表达式可以简化为：

$$A = u^{\mathrm{T}}I, \quad B = e^{\mathrm{T}}I, \quad C = u^{\mathrm{T}}m$$

得到的 A、B、C、D 结果如图 3-6 所示。

图 3-6 数值 A、B、C、D 的计算结果

单元格 G23 中有计算 A 的简单单元格公式：=MMULT(TRANSPOSE(u),I)，如图 3-7 所示。其中调用了数组函数 MMULT，因此计算 A 的公式必须作为一个数组函数来输入（输入 B 和 C 的公式时与 A 类似，如图 3-8、图 3-9 所示），D 由 A、B、C 的数值计算得出，如

图 3-10 所示（单元格 G26）。因为 A、B、C 和 D 的计算结果都是一个数值而非向量或矩阵，所以只需要用单个单元格来储存它们。

为计算边界组合 g（期望收益为 0）和边界组合 $g+h$（期望收益为 100%）中各种资产的权重，只需计算如下所示的两个公式：

$$g = (Bm - AI)/D，\quad h = (CI - Am)/D$$

	A	B	C	D	E	F	G	H	I	J	K
3											
4	Asset Data		Exp Ret	Std Dev			Portfolio Weights				
5		TBills	0.6%	4.3%				TBills	33.3%		
6		Bonds	2.1%	10.1%				Bonds	33.3%		
7		Shares	9.0%	20.8%				Shares	33.3%		
8											
9	Correlation Matrix		TBills	Bonds	Shares					via fn	
10		TBills	1.00	0.63	0.09			Exp Ret	3.90%	#NAME?	
11		Bonds	0.63	1.00	0.23			Variance	0.0080		
12		Shares	0.09	0.23	1.00			Std Dev	8.95%	#NAME?	
13											
14	VCV matrix		TBills	Bonds	Shares		VCV inverse				
15		TBills	0.0018	0.0027	0.0008			901.51	-246.92	10.80	
16		Bonds	0.0027	0.0102	0.0048			-246.92	171.13	-14.52	
17		Shares	0.0008	0.0048	0.0433			10.80	-14.52	24.53	
18											
19											
20	Finding weights, g and h, to generate points on the frontier										
21											
22	uvec		l	m					g	h	g+h
23						A	=MMULT(TRANSPOSE(A24:A26),C24:C26)				
24	1		1.20	665.40		B	MMULT(第一组数值，第二组数值) 0.20		124.0%	-1851.9%	-1727.9%
25	1		0.81	-90.30		C	999.91		-20.5%	805.2%	784.6%
26	1		1.97	20.82		D	104.15		-3.5%	1046.7%	1043.2%

图 3-7 数值 A 的计算

	A	B	C	D	E	F	G	H	I	J	K
3											
4	Asset Data		Exp Ret	Std Dev			Portfolio Weights				
5		TBills	0.6%	4.3%				TBills	33.3%		
6		Bonds	2.1%	10.1%				Bonds	33.3%		
7		Shares	9.0%	20.8%				Shares	33.3%		
8											
9	Correlation Matrix		TBills	Bonds	Shares					via fn	
10		TBills	1.00	0.63	0.09			Exp Ret	3.90%	#NAME?	
11		Bonds	0.63	1.00	0.23			Variance	0.0080		
12		Shares	0.09	0.23	1.00			Std Dev	8.95%	#NAME?	
13											
14	VCV matrix		TBills	Bonds	Shares		VCV inverse				
15		TBills	0.0018	0.0027	0.0008			901.51	-246.92	10.80	
16		Bonds	0.0027	0.0102	0.0048			-246.92	171.13	-14.52	
17		Shares	0.0008	0.0048	0.0433			10.80	-14.52	24.53	
18											
19											
20	Finding weights, g and h, to generate points on the frontier										
21											
22	uvec		l	m					g	h	g+h
23						A		3.97			
24	1		1.20	665.40		B	=MMULT(TRANSPOSE(C5:C7),C24:C26)		124.0%	-1851.9%	-1727.9%
25	1		0.81	-90.30		C	MMULT(第一组数值，第二组数值) 505.91		-20.5%	805.2%	784.6%
26	1		1.97	20.82		D	15		-3.5%	1046.7%	1043.2%

图 3-8 数值 B 的计算

	A	B	C	D	E	F	G	H	I	J	K
3											
4	Asset Data		Exp Ret	Std Dev			Portfolio Weights				
5		TBills	0.6%	4.3%				TBills	33.3%		
6		Bonds	2.1%	10.1%				Bonds	33.3%		
7		Shares	9.0%	20.8%				Shares	33.3%		
8											
9	Correlation Matrix		TBills	Bonds	Shares					via fn	
10		TBills	1.00	0.63	0.09			Exp Ret	3.90%	#NAME?	
11		Bonds	0.63	1.00	0.23			Variance	0.0080		
12		Shares	0.09	0.23	1.00			Std Dev	8.95%	#NAME?	
13											
14	VCV matrix		TBills	Bonds	Shares		VCV inverse				
15		TBills	0.0018	0.0027	0.0008			901.51	-246.92	10.80	
16		Bonds	0.0027	0.0102	0.0048			-246.92	171.13	-14.52	
17		Shares	0.0008	0.0048	0.0433			10.80	-14.52	24.53	
18											
19											
20	Finding weights, g and h, to generate points on the frontier										
21											
22		uvec		l	m				g	h	g+h
23						A		3.97			
24		1		1.20	665.40	B		0.20	124.0%	-1851.9%	-1727.9%
25		1		0.81	-90.30	C	=MMULT(TRANSPOSE(A24:A26),D24:D26)		-20.5%	805.2%	784.6%
26		1		1.97	20.82	D	104.15		-3.5%	1046.7%	1043.2%
27							MMULT（第一组数值，第二组数值）				

图 3-9　数值 C 的计算

	A	B	C	D	E	F	G	H	I	J	K
3											
4	Asset Data		Exp Ret	Std Dev			Portfolio Weights				
5		TBills	0.6%	4.3%				TBills	33.3%		
6		Bonds	2.1%	10.1%				Bonds	33.3%		
7		Shares	9.0%	20.8%				Shares	33.3%		
8											
9	Correlation Matrix		TBills	Bonds	Shares					via fn	
10		TBills	1.00	0.63	0.09			Exp Ret	3.90%	#NAME?	
11		Bonds	0.63	1.00	0.23			Variance	0.0080		
12		Shares	0.09	0.23	1.00			Std Dev	8.95%	#NAME?	
13											
14	VCV matrix		TBills	Bonds	Shares		VCV inverse				
15		TBills	0.0018	0.0027	0.0008			901.51	-246.92	10.80	
16		Bonds	0.0027	0.0102	0.0048			-246.92	171.13	-14.52	
17		Shares	0.0008	0.0048	0.0433			10.80	-14.52	24.53	
18											
19											
20	Finding weights, g and h, to generate points on the frontier										
21											
22		uvec		l	m				g	h	g+h
23						A		3.97			
24		1		1.20	665.40	B		0.20	124.0%	-1851.9%	-1727.9%
25		1		0.81	-90.30	C		595.91	-20.5%	805.2%	784.6%
26		1		1.97	20.82	D	=G24*G25-G23^2		-3.5%	1046.7%	1043.2%

图 3-10　数值 D 的计算

在输入计算 g 的公式时，需要先选择一个 3×1 的列向量区域，因为这是一个数组公式。输入计算 h 的公式时与 g 类似。如图 3-11 所示，单元格 I24:I26 和 K24:K26 给出了这两个边界组合的权重。

向量 g =（124%，-20.5%，-3.5%）给出了国库券、债券和股票的权重，这些权重确定了有效边界上期望收益为 0 的投资组合。同样，向量 g+h 给出了另一组国库券、债券和股票的权重，这些权重确定了有效边界上期望收益为 100%的投资组合。把上面得到的向量 g 和 h 进行线性组合 g+h×T，可以得到有效边界上给定期望收益为 T 的投资组合权重。例如，期望收益为 7% 的投资组合中包含-5.6% 的国库券、35.8% 的债券和 69.8% 的股票，如图 3-12 所示（单元格 D36:D38）。也就是说，为构造期望收益为 7% 的最小风险投资组合，需要买进债券和股票，同时卖空国库券。

	A	B	C	D	E	F	G	H	I	J	K
3											
4	Asset Data		Exp Ret	Std Dev			Portfolio Weights				
5		TBills	0.6%	4.3%				TBills	33.3%		
6		Bonds	2.1%	10.1%				Bonds	33.3%		
7		Shares	9.0%	20.8%				Shares	33.3%		
8											
9	Correlation Matrix		TBills	Bonds	Shares					via fn	
10		TBills	1.00	0.63	0.09			Exp Ret	3.90%	#NAME?	
11		Bonds	0.63	1.00	0.23			Variance	0.0080		
12		Shares	0.09	0.23	1.00			Std Dev	8.95%	#NAME?	
13											
14	VCV matrix		TBills	Bonds	Shares		VCV inverse				
15		TBills	0.0018	0.0027	0.0008			901.51	-246.92	10.80	
16		Bonds	0.0027	0.0102	0.0048			-246.92	171.13	-14.52	
17		Shares	0.0008	0.0048	0.0433			10.80	-14.52	24.53	
18											
19											
20		Finding weights, g and h, to generate points on the frontier									
21											
22		uvec	l	m					g	h	g+h
23						A	3.97				
24		1	1.20	665.40		B	0.20		124.0%	-1851.9%	-1727.9%
25		1	0.81	-90.30		C	595.91		-20.5%	805.2%	784.6%
26		1	1.97	20.82		D	104.15		-3.5%	1046.7%	1043.2%

图 3-11　边界组合的权重计算

	A	B	C	D	E	F	G	H
31	Generating Frontier Portfolios, using g and h							
32								
33	Target expected return			7.0%				
34								
35			weights			via fn		
36			TBills	-5.6%	#NAME?		Exp Ret	#NAME?
37			Bonds	35.8%	#NAME?		Std Dev	#NAME?
38			Shares	69.8%	#NAME?			

图 3-12　期望收益为 7% 的最小风险投资组合

同理，边界上的其他点可以用数组函数 $g+h\times T$ 计算得到，其中 T 是该点的期望收益。用这种方法可以得到整个有效边界。例如，在 Excel 中，一个模拟运算表可以将一系列期望收益（从 0 到 10%）作为输入，计算出相应的投资组合风险和收益，然后可以在此表的基础上画出一个 XY（散点）图。

实验三　估计 β 系数

一、实验目的与要求

Beta（β）系数是用以度量一项资产系统性风险（Systematic Risk）的指标，是资本资产定价模型（Capital Asset Pricing Model）的主要参数，用以衡量一种证券或一个投资组合（Asset Allocation）相对总体市场波动性的一种证券系统性风险的评估工具。本节实验旨在运用 Excel 软件和 RESSET 实验教学辅助软件对 β 系数进行计算。

该实验要求如下：

1. 掌握 β 系数的含义以及计算方法；
2. 熟练应用 RESSET 数据库，学会下载数据，并应用下载的数据计算 β 值。

二、实验说明

β 系数（更严格地说是"未校正"的 β 值）是以股票超额收益作为被解释变量、市场超额收益作为解释变量进行回归得到的斜率。本节实验以"000002 万科股份有限公司"为例，首先从 RESSET/DB 中直接查询相关的收益和风险数据，主要包括日期、股票代码、个股月收益率、市场月收益率（总市值加权平均市场月收益率）、月无风险收益率，然后导出所查询的数据，在 Excel 中进行运算，得到估计的 β 系数。

三、实验步骤及示例

（一）从 RESSET/DB 中直接查询相关的收益和风险数据。

以"000002 万科股份有限公司"为例。

1. 登录 RESSET/DB 选择"RESSET 股票数据库"。
2. 在 RESSET 股票中选择"收益"—"持有期收益"—"月收益"。

另外，"数据样例"中列举了关于相关收益的实例，以供参考。"数据字典和计算方法"中描述了收益的概念和数据的具体内容以及相关的公式。

3. 通过"日期范围"选择财务数据的日期范围，如图 3-13 所示。

图 3-13 日期范围的选择

注：选择"日期对象"，输入或点选起止日期查询，值为空时代表无时间限制。

4. 通过"查询条件"代码列表选择相应的上市公司。

代码查询（模糊查询）可通过选择"查询字段""代码选择""概念板块"三种方式之一。

例如:选择"查询字段",即从下拉菜单中,选择要查询的字段,例如"股票代码",如图 3-14 所示。

图 3-14　查询条件选择

手工输入单个股票代码"000002",如图 3-15 所示。

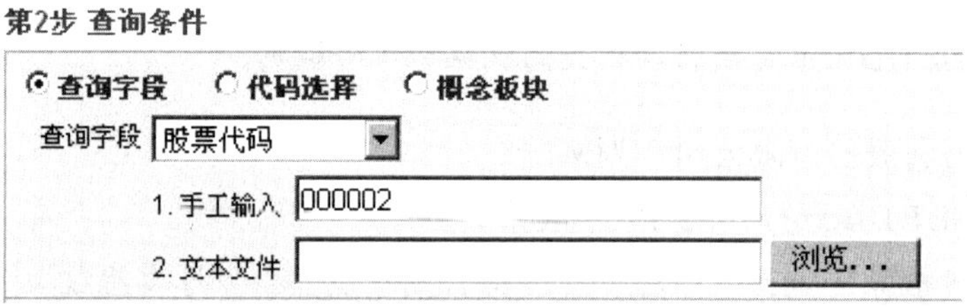

图 3-15　手工输入股票代码

5. 选择输出字段,如图 3-16 所示。

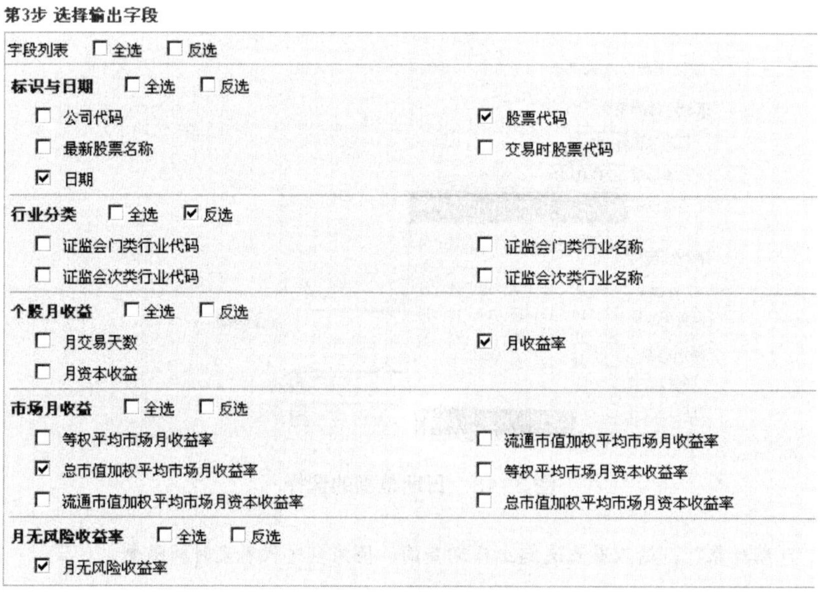

图 3-16　选择输出字段

6. 导出数据。

从输出格式列表中选择您期望的查询结果输出格式，如图 3-17 所示。对于数据量大的结果文件，建议选择一种压缩格式进行下载。

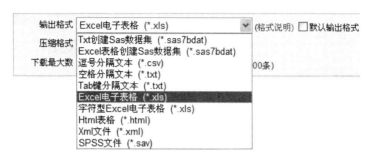

图 3-17 输出格式的选择

选择"Excel 电子表格(*.xls)"，点击"提交"按钮，结果如图 3-18 所示。

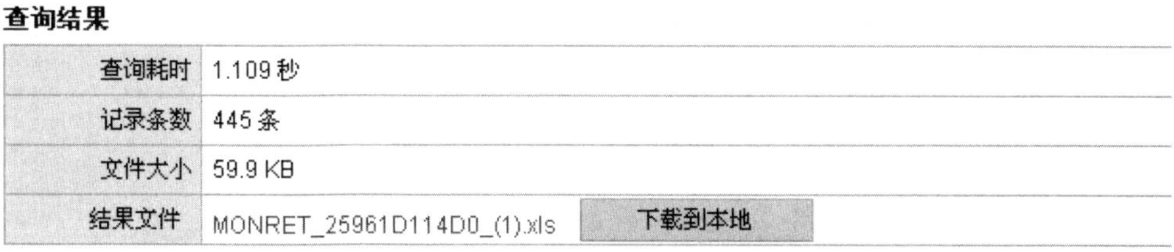

图 3-18 查询结果

点击"下载到本地"下载数据，然后点击"保存"，如图 3-19 所示。

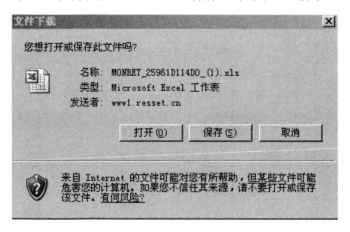

图 3-19 文件的保存

（二）进行计算

1. 登录 RESSET/CAD。
2. 按照 Excel 的说明填充所要计算的股票代码，以及所选时间范围，进行计算，如

图 3-20 所示。图中“表 1 模型输入变量”为需要输入的股票代码，以及所选时间范围，“表 2 资本资产定价模型 Beta 系数”为实验计算结果，“表 3 单只股票和股票市场的月收益回报”为 RESSET 数据库中的数据。

资 本 资 产 定 价 模 型　　　　锐 思 数 据 RESSET

说明

1. 该表用来计算资本资产定价模型的Beta系数。

2. 黑色字体标识数据为用户输入数据。

3. 橙色字体标识数据来源于锐思数据，蓝色字体标识数据为计算结果。

表1 模型输入变量

股票代码	开始日期	结束日期	交易所标识	市场标识
000004	1992-1-1	2009-3-31	2	A

确认

表2 资本资产定价模型Beta系数

股票代码	总市值加权Beta系数	R方
000004	1.0706	0.5604

表3 单只股票和股票市场的月收益回报

股票代码	日期	个股月收益率	月无风险收益率	交易所和市场标识	总市值加权平均市场月收益率	股票超额收益	市场超额收益
000004	1992-1-31	0.0042	0.006300	2A	0.0395	-0.0021	0.0332
000004	1992-2-28	-0.0418	0.006300	2A	-0.0123	-0.0481	-0.0186
000004	1992-3-31	0.1092	0.006300	2A	0.1918	0.1029	0.1855
000004	1992-4-30	0.6535	0.006300	2A	0.508	0.6472	0.5017
000004	1992-5-29	0.4514	0.006300	2A	0.3971	0.4451	0.3908
000004	1992-6-30	-0.0748	0.006300	2A	-0.062	-0.0811	-0.0683
000004	1992-7-31	0.183	0.006300	2A	0.0613	0.1767	0.055
000004	1992-8-31	-0.0809	0.006300	2A	-0.0769	-0.0872	-0.0832
000004	1992-9-30	0.0078	0.006300	2A	-0.0135	0.0015	-0.0198
000004	1992-10-30	-0.165	0.006300	2A	-0.1481	-0.1713	-0.1544
000004	1992-11-30	-0.0581	0.006300	2A	-0.0565	-0.0644	-0.0628
000004	1992-12-31	0.1802	0.006300	2A	0.1191	0.1739	0.1128
000004	1993-1-19	0.1318	0.006300	2A	0.1573	0.1255	0.151
000004	1993-2-26	0.2976	0.006300	2A	0.2257	0.2913	0.2194
000004	1993-3-31	-0.1396	0.0063	2A	-0.1049	-0.1459	-0.1112
000004	1993-4-30	0.0348	0.0063	2A	0.034	0.0285	0.0277
000004	1993-5-31	-0.1224	0.007	2A	-0.1568	-0.1294	-0.1638
000004	1993-6-30	-0.0909	0.0077	2A	-0.0682	-0.0986	-0.0759
000004	1993-7-30	-0.0394	0.0087	2A	-0.0634	-0.0481	-0.0721
000004	1993-8-31	0.0189	0.0091	2A	0.1121	0.0098	0.103

图 3-20 β 系数的估计

实验四 风 格 分 析

一、实验目的与要求

风格分析（Style Analysis）是最新的投资基金评价方法，采用了多因素模型作为收益基准，根据风格（Style）和选择（Selection）来评价不同基金的业绩。本节实验采用风格分析方法，运用 Excel 软件，对投资基金的业绩进行评价。

该实验要求如下：

1. 了解风格分析的基本原理；
2. 能够熟练使用 Excel 软件进行相关操作；
3. 掌握在 Excel 环境下应用风格分析方法对投资基金进行评价的操作方法和操作步骤。

二、实验说明

风格分析是用一些已知的指数（其收益是可以得到的）构建基准投资组合，然后将投资基金的主动投资组合的业绩与该基准组合进行比较。理论上，这些指数应该能反映不同资产类别的活动性，这些指数应该是唯一和完全的，并且所包含的资产报价是公开的，这样一来，我们就可以"被动地"追踪这些指数（例如，夏普选择了 12 个能包括美国投资基金投资选择的指数，并保证这些指数之间的重叠部分尽量少）。

用 $f_1,\cdots,f_2,\cdots,f_n$ 表示 n 种被动指数的收益，用这 n 种指数对第 i 种投资基金进行风格分析所用的公式为：

$$r_i = (b_{i1}f_1 + b_{i2}f_2 + \cdots + b_{in}f_n) + e_i \tag{3-1}$$

其中，r_i 是第 i 种基金的收益，b_{ij} 是第 i 种基金在第 j 种指数中的权重，e_i 是收益中不能用上述因子解释的部分。

把上面的收益多因素模型改变一下形式，转化为基金收益和指数收益之差：

$$e_i = r_i - (b_{i1}f_1 + b_{i2}f_2 + \cdots + b_{in}f_n) \tag{3-2}$$

其中，括号中的部分可以看作一个投资组合的收益。

夏普认为应该选择合适的权重 b_{ij} 使得"追踪误差"e_i 最小化，或者使 e_i 的方差（它是权重的二次函数）最小化。因为这些指数构成了一个投资组合，所以相应的权重之和应该为 1，并且每个指数的权重应该在 0-1 之间（对于基金来说，后一约束条件可以修改为"允许卖空资产"）。最优化之后得到的权重被称为"风格权重"，并且与其相应的指数共同构成基准投资组合。我们称由各种指数按照相应最优风格权重构成的基金与原有基金的风格是相同的。

可以用二次规划来最小化样本期内的追踪误差，并得到相应的风格权重。利用 Excel 中的规划求解过程（选择"工具"，然后点击"规划求解"）可以在工作表中很容易地实现上述计算。

可以通过计算基金收益的方差中由所选择的风格模型解释的比例大小来判断风格分析的效果。这与回归分析中经常用到的决定系数 R^2 类似，对于第 i 种基金的解释比例计算公式如下：

$$1 - [\text{Var}(e_i)/\text{Var}(r_i)] \tag{3-3}$$

夏普用同样的一组指数，针对不同的投资基金构造了不同的基准投资组合，并应用上述方法对这些基金的风格进行比较。下面我们将针对一个基金，研究它的风格和特征。

三、实验步骤及示例

该实验中，给出了 1 个基金 A（单元格 B19）和 8 个被动指数（单元格 C19:J19）的月度收益数据（B21:J80），如图 3-21 所示。

	A	B	C	D	E	F	G	H	I	J	K	L	M
18													
19	Mth	FundA	Index1	Index2	Index3	Index4	Index5	Index6	Index7	Index8		Style	Error
20													
21	1	-0.020	0.008	-0.032	0.043	0.032	0.097	0.110	0.026	0.111		0.051	-0.071
22	2	0.000	0.009	0.000	-0.013	0.027	0.007	0.049	0.066	-0.019		0.016	-0.016
23	3	-0.003	0.011	0.023	0.018	0.032	-0.051	-0.125	-0.076	-0.103		-0.036	0.033
24	4	0.007	0.011	0.027	0.015	0.006	0.030	-0.001	-0.033	0.021		0.009	-0.002
25	5	0.003	0.010	-0.007	0.021	0.025	0.036	0.034	0.012	0.011		0.018	-0.015
26	6	0.007	0.010	0.024	-0.056	-0.049	0.020	0.000	0.027	-0.026		-0.007	0.014
27	7	0.037	0.010	0.030	0.026	0.009	-0.016	-0.098	-0.086	0.019		-0.014	0.051
28	8	0.003	0.010	0.014	0.067	0.057	0.076	0.011	0.045	-0.003		0.036	-0.033
29	9	0.010	0.009	0.007	-0.034	0.011	0.060	-0.037	0.105	0.021		0.018	-0.008
30	10	0.010	0.009	0.023	0.071	0.070	0.077	0.017	-0.003	0.020		0.037	-0.027
31	11	0.006	0.009	-0.004	0.049	0.027	0.048	0.045	-0.004	-0.043		0.016	-0.010
32	12	-0.010	0.009	0.002	-0.015	-0.013	0.127	0.075	0.082	0.030		0.038	-0.048
33	13	-0.013	0.009	-0.020	0.019	0.034	0.058	0.033	0.055	0.077		0.034	-0.047
34	14	0.032	0.010	0.042	0.079	0.069	0.074	0.035	0.079	-0.054		0.043	-0.011
35	15	0.078	0.010	0.099	0.084	0.058	0.059	0.045	0.173	0.042		0.074	0.004
36	16	0.029	0.009	0.067	-0.002	0.058	0.087	-0.051	0.008	0.077		0.033	-0.004
37	17	-0.011	0.008	-0.015	-0.032	-0.008	-0.057	0.097	0.060	0.024		0.010	-0.021
38	18	-0.020	0.008	-0.013	0.033	0.033	-0.014	-0.015	0.051	-0.070		0.001	-0.021
39	19	-0.003	0.008	-0.005	-0.052	-0.017	0.076	-0.031	0.167	-0.044		0.013	-0.016
40	20	0.006	0.008	0.004	0.069	0.026	0.141	0.082	0.078	0.071		0.062	-0.056
41	21	-0.093	0.008	-0.040	-0.060	-0.023	-0.033	-0.068	0.045	0.088		-0.011	-0.082
42	22	0.010	0.008	-0.045	0.052	0.043	0.036	0.096	-0.092	0.165		0.034	-0.024
43	23	-0.006	0.009	-0.006	0.006	0.035	0.032	-0.006	0.024	-0.002		0.012	-0.018
44	24	0.061	0.009	0.018	0.029	0.028	-0.006	-0.052	0.046	0.051		0.016	0.045
45	25	0.003	0.009	0.060	0.086	0.024	-0.024	0.092	0.139	-0.034		0.053	-0.050
46	26	0.057	0.009	0.031	0.097	0.091	-0.021	0.032	-0.006	0.098		0.043	0.014
47	27	0.009	0.009	0.069	0.012	0.066	0.008	-0.015	0.071	0.006		0.029	-0.020

图 3-21 基金 A 和被动指数的月度收益率

首先，需要求出使误差方差（单元格 M6）最小的权重（单元格 D16:J16 中），这里是用 Excel 的规划求解过程来实现的，如图 3-22 所示。注意：C16 中的公式是 1-SUM(D16:J16)，这保证了所有的风格权重之和为 1。

	A	B	C	D	E	F	G	H	I	J	K	L	M
1	Equity3.XLS												
2	Style Analysis												
3		Solver - Style Model											
4												Mean Error	-0.0073
5		Target cell	M5									EV*10,000	8.3971
6		Changing cells	D16..J16									Error Variance	0.0008
7		Constraints	C15..J15 >= 0									Active Std Deviation	2.90%
8			C17..J17 <= 1										
9												Aset Variance	0.0027
10												Style R-sqd	69.0%
11													
12		Style Weights											
13				Index1	Index2	Index3	Index4	Index5	Index6	Index7	Index8		
14													
15			min	0.0%	0.0%	0.0%	0.0%	0.0%	0.0%	0.0%	0.0%		
16			weight	9.0%	13.0%	13.0%	13.0%	13.0%	13.0%	13.0%	13.0%		
17			max	100.0%	100.0%	100.0%	100.0%	100.0%	100.0%	100.0%	100.0%		

图 3-22 使误差方差最小的各指数权重

其次，进行分析前，应该先给出风格（单元格 L21:L80）和追踪误差（单元格 M21:M80）的有关公式，如图 3-23 所示。

第一个月的风格计算公式（单元格 L21）为：
$$= \text{SUMPRODUCT}(\$C\$16:\$J\$16, C21:J21)$$
其中，SUMPRODUCT 函数把风格权重和相应的指数收益相乘。

图 3-23 风格的计算

第一个月的误差项（单元格 M21）就是第一个月的基金收益（单元格 B21）和风格收益（单元格 L21）之差，同样可以计算出其他月份的风格和误差，如图 3-24 所示。

图 3-24 各月份的风格和误差计算结果

最后，误差方差可以用样本方差函数＝VAR(M21:M80) 计算出来，如图 3-25 所示（单元格 M6）。

	A	B	C	D	E	F	G	H	I	J	K	L	M	N
2	Style Analysis													
3			Solver - Style Model											
4											Mean Error		-0.0073	
5			Target cell	M5							EV*10,000		8.3971	
6			Changing cells	D16..J16							Error Variance		=VAR(M21:M80)	
7			Constraints	C15..J15 >= 0							Active Std Deviation		2.90%	
8				C17..J17 <= 1										
9											Aset Variance	0.0027		
10											Style R-sqd	69.0%		
11														
12			Style Weights											
13				Index1	Index2	Index3	Index4	Index5	Index6	Index7	Index8			
14														
15			min	0.0%	0.0%	0.0%	0.0%	0.0%	0.0%	0.0%	0.0%			
16			weight	9.0%	13.0%	13.0%	13.0%	13.0%	13.0%	13.0%	13.0%			
17			max	100.0%	100.0%	100.0%	100.0%	100.0%	100.0%	100.0%	100.0%			
18														
19	Mth	FundA	Index1	Index2	Index3	Index4	Index5	Index6	Index7	Index8		Style	Error	
20														
21	1	-0.020	0.008	-0.032	0.043	0.032	0.097	0.110	0.026	0.111		0.051	-0.071	
22	2	0.000	0.009	0.000	-0.013	0.027	0.007	0.049	0.066	-0.019		0.016	-0.016	
23	3	-0.003	0.011	0.023	0.018	0.032	-0.051	-0.125	-0.076	-0.103		-0.036	0.033	
24	4	0.007	0.011	0.027	0.015	0.006	0.030	-0.001	-0.033	0.021		0.009	-0.002	
25	5	0.003	0.010	-0.007	0.021	0.025	0.036	0.034	0.012	0.011		0.018	-0.015	
26	6	0.007	0.010	0.024	-0.056	-0.049	0.020	0.000	0.027	-0.026		-0.007	0.014	
27	7	0.037	0.010	0.030	0.026	0.009	-0.016	-0.098	-0.086	0.019		-0.014	0.051	
28	8	0.003	0.010	0.014	0.067	0.057	0.076	0.011	0.045	-0.003		0.036	-0.033	
29	9	0.010	0.009	0.007	-0.034	0.011	0.060	0.035	0.105	0.021		0.018	-0.008	
30	10	0.010	0.009	0.023	0.071	0.070	0.077	0.017	-0.003	0.020		0.037	-0.027	
31	11	0.006	0.009	-0.004	0.049	0.027	0.048	0.045	-0.004	-0.043		0.016	-0.010	

图 3-25　误差方差的计算

因为误差方差值一般很小（这里是 0.0008），为了提高优化的精确性，在此基础之上增加了规模误差方差值（乘以 10000，如单元格 M5 所示）。

总之，根据一个特定基金的风格权重可以构造一个基准投资组合，在所研究的期间内该组合收益等于基金收益，根据该基准组合就可以比较不同主动基金经理的投资管理水平了。

实验五　御食园上市估值案例分析

一、背景介绍

继 "奥瑞金" 成功上市后，北京怀柔又一企业 "北京御食园食品股份有限公司" 成功在 "新三板" 挂牌。证券简称：御食园，代码：430733。北京御食园食品股份有限公司是一家专业从事京味特色食品和健康休闲食品的集研发、生产和销售于一体的国家级高新技术企业。公司始建于 2001 年，注册资本为 5 700 万元，建有 40 000 平方米的现代化、标准化食品加工厂房。御食园筹划上市始于 2007 年，2009 年公司完成股份制转制。本次股票发行共计 400 万股，共募集资金 1 640 万元，发行价格为每股 4.1 元，本次股票发行价格综合考虑了公司所属行业、公司的商业模式、成长周期、每股净资产、市盈率等多种因素并与投资者协商后最终确定。

二、上市之路

（一）接受投资前的股权结构

在引入海纳通投资之前，御食园的股东全部为自然人，工商登记注册股东 8 名，如表 3-1 所示。

表 3-1 接受投资前的股权结构

股东姓名	出资额（万元）	所占比例（%）
曹振兴	490.18	44.56
王大宝	192.86	17.53
郅文菊	126.97	11.54
范宝琴	89.28	8.12
杨井新	85.24	7.75
彭玉国	64.63	5.88
潘金江	25.29	2.30
周德军	25.55	2.32
总计	1 100.00	100.00

（二）接受投资后的股权结构

海纳通在对御食园的投资价值进行分析后，决定首先协助公司进行股份制改造。御食园股份制改造前，按净资产额以 1∶1 折合成股份，海纳通及其跟投方，按溢价约 20% 进行战略投资，投资价格约为每股 1.2 元，总投资 1 600 万元，双方各占 650 万股。股份制改造后，总股本设定为 6 000 万元，股本结构如表 3-2 所示。

表 3-2 接受投资后的股权结构

股东姓名	出资额（万元）	所占比例（%）
曹振兴	2 094.40	34.90
王大宝	824.04	13.73
海纳通投资	650.00	10.83
跟投方	650.00	10.83
郅文菊	542.51	9.04
范宝琴	381.48	6.35
杨井新	364.19	6.06
彭玉国	276.13	4.62

(续表)

股东姓名	出资额（万元）	所占比例（%）
潘金江	108.07	1.81
周德军	109.18	1.83
总计	6 000.00	100.00

（三）上市规划

作为投资人，同时作为金融顾问的海纳通帮助御食园作出上市规划，如表 3-3 所示。

表 3-3 御食园上市规划

金融顾问	海纳通投资（北京）有限责任公司
保荐人（主承销商）	中国银河证券股份有限公司
会计师事务所	中审会计师事务所
律师事务所	中伦文德律师事务所
发行股票类型	境内上市人民币普通 A 股
拟上市证券交易所	深圳证券交易所
发行前总股本（预计）	6 000 万元
发行后总股本（预计）	7 500 万元
每股收益（发行前，预计）	0.50 元
发行市盈率（预计）	25 倍
发行价（预计）	12.5 元
每股净资产（全面摊薄，预计）	3.30 元
募集资金（预计）	18 750 万元
上市时间（预计）	2009 年年底—2010 年年初

其中，股票预计发行价 12.5 元，此价格是根据预计发行市盈率和发行前预计每股收益计算得出：25×0.5=12.5（元）。2010 年与 2011 年，御食园并没有如期上市，上市延迟。

三、上市公司股票定价方式

如果公司和行业基本面好，则采用基金的定价方式，即在给出平均的合理行业市盈率水平基础上，对公司的财务、产品、科研、市场、成长性、股东实力等作出综合评定和进行一定调整后得出合理的市盈率水平，乘以公司的每股盈利，例如蓝筹股的定价。如果公司的基本面不好，则由市场定价，大家随便炒，没人炒就跌，炒就涨，无所谓什么合理不合理，就看资金进出，例如题材股。如果公司基本面很差，则重组股坚信没有资产就是最好的资产，游资爆炒，一路涨停，市盈率上百倍、上千倍都正常，一直涨到散户们疯狂买进，然后庄家出货为止，例如广大的 ST。

补充名词：

"公司基本面"是指公司财务状况、发展潜力、成长性及质地情况；"政策变化"指管理层的政策变化；"技术面"指技术走势影响。

"市盈率"即市价盈利率，又叫本益比。它是上市公司股票的最新股价与最新年度的每股盈利比率，公式为：公司股票最新市价/公司最新年度每股盈利。市盈率是分析股票市价高与低的重要指标，是衡量股票投资价值的一种方法。

四、中小微企业挂牌上市条件和流程

企业挂牌上市的条件十分宽松，民营企业、集体企业、国有企业，或上海股权托管交易中心和全国中小企业股份转让系统公司认可的其他组织或机构均可挂牌上市。企业可以根据自身条件选择中小企业股权报价系统（Q板）、非上市股份有限公司股份转让系统（E板）或者全国中小企业股份转让系统（新三板）进行上市。

（一）Q板上市条件及流程

不存在以下5个否定项的企业即可在Q板上市：

1. 无固定的办公场所；
2. 无满足企业正常运作的人员；
3. 企业被吊销营业执照；
4. 存在重大违法违规行为或被国家相关部门予以严重处罚；
5. 企业的董事、监事及高级管理人员存在《公司法》第一百四十七条所列属的情况。

Q板上市流程如图3-26所示。

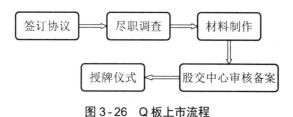

图3-26　Q板上市流程

（二）E板上市条件及流程

满足以下8个条件的企业即可在E板申请上市：

1. 业务基本独立，具有持续经营能力；
2. 不存在显著的同业竞争、显失公允的关联交易、额度较大的股东侵占资产等损害投资者利益的行为；
3. 在经营和管理上具备风险控制能力；
4. 治理结构健全，运作规范；

5. 股份的发行、转让合法合规；

6. 非货币出资时存续 1 年；

7. 必须是股份有限公司；

8. 上海股交所要求的其他条件。

E 板上市流程如图 3-27 所示。

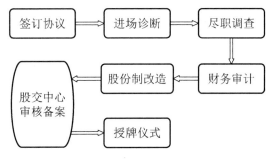

图 3-27　E 板上市流程

（三）新三板上市条件及流程

满足以下 6 个条件的企业即可在新三板申请上市：

1. 依法设立且存续满两年，有限责任公司按原账面净资产值折股整体变更为股份有限公司的，存续时间可以从有限责任公司成立之日起计算；

2. 业务明确，具有持续经营能力；

3. 公司治理机制健全，合法规范经营；

4. 股权明晰，股票发行和转让行为合法合规；

5. 主办券商推荐并持续督导；

6. 全国股份转让系统公司要求的其他条件。

新三板上市流程如图 3-28 所示。

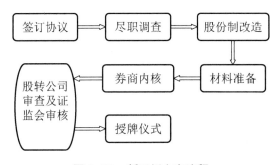

图 3-28　新三板上市流程

五、新三板上市的优缺点

优点：此次御食园公司在新三板挂牌有利于提高企业股份的流动性，完善企业的资本结构,提高企业自身抗风险的能力,增强企业的自主创新能力和发展后劲。同时,有利于树立企业品牌,改善企业形象,更有效地开拓市场。另外,新三板挂牌后,御食园公司可实施定向增发股份,提高公司信用等级,实现更快融资。

缺点:新三板市场的不足之处首先在于其融资额相对偏低。平均来看,一般一个新三板企业一轮仅可融资 2 000 万元至 5 000 万元。而市场分析人士估计创业板的融资规模每家一轮在 1.5 亿元左右。其次,新三板公司的上市股票在三板市场上流动性不高,后续融资比较困难。

本章参考文献

[1] 王菁菁. 基于均值-VAR 的投资组合模型[J]. 商场现代化,2009(19):82-83.

[2] 赵锡军, 李向科. 证券投资分析[M]. 北京: 中国金融出版社, 2007:279-282.

[3] 李胜宏等. 数理金融理论与模型[M]. 浙江: 浙江大学出版社, 2011:134-137.

[4] 中国证券业协会. 证券投资基金[M]. 北京: 中国财政经济出版社, 2008:1-45.

[5] 兹维·博迪, 亚历克斯·凯恩, 艾伦·马科斯. 投资学精要(第五版)[M]. 北京: 中国人民大学出版社, 2005: 785-792.

[6] 王敬, 刘阳, 杨典. 国内外关于基金投资风格的研究及启示[J]. 证券经纬, 2006(8):49-50.

[7] 宋逢明, 谭慧. VaR 模型中流动性风险度量[J]. 数量经济技术经济研究, 2004(6):114-123.

[8] Engle R F. Dynamic Conditional Correlation——A Simple Class of Multivariate GARCH Models. UCSD Discussion Paper, 2000.

[9] Gourieroux C J P. Laurent and Scaillet O. Sensitivity Analysis of Values at Risk. Journal of Empirical Finance. 2000(7):225-245.

第四章　期货及套期保值模拟设计

【本章导读】

本章首先对股指期货及国债期货进行模拟设计，然后对钢材期货套期保值策略以案例形式分析盈亏情况，最后对股指期货套期保值策略流程进行详细介绍。通过本章的学习，学生应该能够：

1. 基于 Alpha 动量交易策略进行股指期货模拟设计；
2. 对国债期货合约的主要条款进行模拟设计，学会计算转换因子；
3. 对商品期货进行套期保值策略设计，并分析策略盈亏情况；
4. 掌握股指期货套期保值策略流程，学会设计股指期货套期保值策略。

实验一　股指期货模拟设计——基于 Alpha 动量交易策略

一、实验目的与要求

运用 Alpha 动量交易策略构建具有稳定超额收益的现货组合，然后通过股指期货对冲系统性风险，最终获得稳定的 Alpha 收益。

该实验要求如下：

1. 掌握 Alpha 动量交易策略的基本原理；
2. 熟练掌握运用 Alpha 动量交易策略构建证券基准组合进而利用股指期货对冲系统风险的基本方法和操作步骤。

二、实验说明

Alpha（α）动量交易策略是对冲基金常用的一种追求固定收益的投资策略，通过买入高 Alpha 收益预期的基础证券组合，同时卖空具有市场指数特征的证券，对冲掉系统性风险，最终获得稳定的 Alpha 收益。Alpha 策略的核心内容是寻找具有较高并且稳定 Alpha 的证券组合。

计算 α 需要用到 CAPM 模型，CAPM 模型由威廉·夏普（William Sharpe）在其著作《投资组合理论与资本市场》中提出的，该模型指出投资者在市场中交易面临系统性风险和非系统性风险。传统 Alpha 动量交易策略是在基金经理建立了 β 部位的头寸后，通过衍生品对冲 β 部位的风险，从而获得正的 α 收益。

产生 α 的方式主要有两种，一种是某些类别资产自身就能够提供 α，另一种是通过资产组合提炼出 α。固定收益资产属于第一种，而通过衍生品与基金、股票、商品等的组合构成的策略则为第二种。本节实验主要研究第二种方式，首先通过 PE 等简单的单一指标来筛选股票，寻找适合构建 Alpha 动量交易策略的基础组合。例如，以沪深两市所有 A 股为标的池，剔除 ST 股票、前一年每股收益和每股净资产为负的股票以及 PE 值大于 500 的股票，以 PE、PB、PEG、流通市值、股价为选择指标，将所有股票进行排序，分别取最前和最后的 20 只股票等权重构建基础股票组合。然后，利用股指期货对冲 β 部位的风险，从而获得正的 α 收益。

三、实验步骤及实例

第一步：构造基准股票组合

股票组合：以沪深两市全部 A 股为基础股票池，剔除上市不满半年的股票、ST 股票、前一年每股收益和每股净资产为负的股票、PE 高于 500 的股票，按照 PE（4 月选择上年年报 EPS 数据，10 月选择本年三季报 EPS 数据）从小至大排序，从前至后选择 20 只股票，每个行业的股票不超过 2 只，等市值构建组合。

投资期间：1998 年 10 月 30 日至 2008 年 10 月 31 日，每年分两期投资，总共 20 期。

组合调整：每年 4 月和 10 月最后一个为周五的交易日按前述原则调整股票组合。

对冲方法：用上证 180 指数替代 ETF 作为对冲标的，以 50 个周数据计算组合 β，每周调整。当 β 大于 1.2 或小于 0.8 时，用 B=0.65*B0+0.35（美林方法）代替。

第二步：利用股指期货对冲风险

策略一　积极对冲

积极对冲策略流程如图 4-1 所示。

策略二　动态 Beta

动态 Beta 策略除了在预测市场下跌时，通过积极对冲规避市场风险外，在预测市场上涨时，可以建立股指期货多头来增加资产的 Beta 值，从而在上涨行情中获得更大的超额收益。

股指期货是被用来调整投资组合的 β 系数的工具，因此股指期货多空合约均可以应用。买入股指期货将增加整个投资组合的杠杆系数，投资组合风险将会相应增大。设计时可以根据产品的风险收益特征的定位对期货多空方面的持仓加以限制。

策略三　可转移 Alpha 策略

可转移 Alpha 策略在赚取标准市场收益的同时，追求超额收益的最大化。摩根士丹利

（Morgan Stanley）对可转移 Alpha 策略的定义为：利用金融工程方法，在保持原资产组合系统性风险 β 不变的情况下，努力增加组合的超额收益 Alpha。

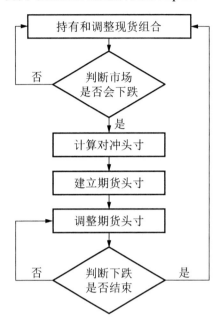

图 4-1　积极对冲策略流程

实验二　国债期货模拟设计

一、实验目的与要求

在了解国债期货的定义、产生背景、存在意义、发展现状以及发展趋势的基础上，对国债期货合约的主要条款进行模拟设计，学会计算国债期货可交割国债的转换因子。

该实验要求如下：

1. 了解国债期货的定义、产生背景、存在意义、发展现状以及发展趋势；
2. 学习国债期货合约主要条款的设计思路；
3. 重点掌握国债期货可交割国债的转换因子的计算。

二、实验说明

（一）国债期货的定义

国债期货作为利率风险管理工具，属于金融期货中利率期货的一种，是指买卖双方通过有组织的交易场所，约定在未来特定时间，按预先确定的价格和数量进行券款交割的国债交易方式。

(二)国债期货的产生与发展

期货市场最早诞生于 1848 年。19 世纪中叶至 20 世纪 70 年代为商品期货阶段,主要有农产品期货、金属期货、能源期货等 20 世纪 70 年代至 80 年代,布雷顿森林体系解体、金融自由化、石油危机及经济滞胀等因素导致全球金融市场动荡加剧,投资者的避险需求激增,于是人们将商品期货市场成熟的风险管理机制应用于金融领域,进入金融期货阶段,主要有利率期货、汇率期货、股指期货等。20 世纪 70 年代中期,美国金融机构持有国债规模显著增加,如图 4-2 所示。

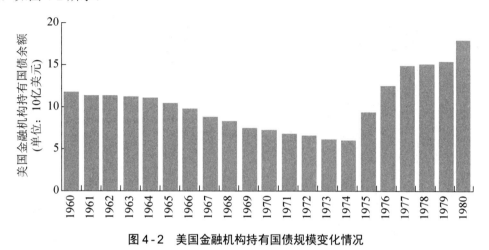

图 4-2 美国金融机构持有国债规模变化情况

1976 年 1 月,美国芝加哥商业交易所(CME)推出历史上第一个国债期货产品——90 天期的国库券期货合约,如图 4-3 所示。

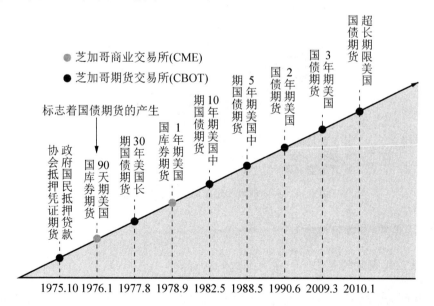

图 4-3 国债期货合约的产生

(三)国债期货在全球范围内的发展现状和趋势

国债期货已经有三十多年的历史,是一个成熟、稳健的期货产品,在各国际金融中心交易中都扮演着非常重要的角色。2012 年,利率期货的交易规模在所有金融期货中名列第一,成交量约 24 亿手,成交额 1 026 万亿美元,分别占全球交易所金融期货年成交量和成交额的 39%和 88%。2012 年国债期货成交量为 11 亿元,约占利率类期货的 47%,如图 4-4 所示。

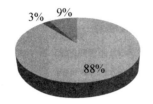
(a)按照成交金额

(b)按照成交量

图 4-4　2012 年全球交易所金融期货品种分布

资料来源:国际清算银行(BIS)。

芝加哥商业交易所集团(CME)和欧洲期货交易所(Eurex)是全球国债期货成交的前两大交易所,其成交量遥遥领先于其他交易平台。2012 年,CME 的国债期货成交量占全球成交量的 47%,可谓约占半壁江山;Eurex 的国债期货成交量占比为 36%,超过全球成交量的三成,如图 4-5 所示。

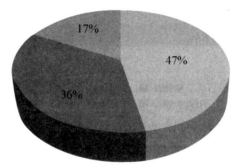

图 4-5　全球交易所国债期货成交量分布

资料来源:美国期货业协会(FIA)。

(四)开展国债期货的意义——澳大利亚的经验

20 世纪 90 年代末开始,随着新经济体的崛起及澳大利亚大型公用公司的私有化,澳大利亚政府赤字已有盈余,政府借债的必要性大大减小。到 2005 年左右,国债整体规模已从

1997 年占 GDP 的 9.36%下降到 4.26%。但经过各界沟通后达成共识：政府保证即使在财政盈余的情况下，仍继续发债，且国债余额不低于 500 亿澳元，以维持国债期货市场的有效运转。如图 4-6 所示。

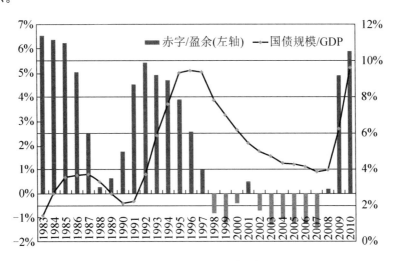

图 4-6 澳大利亚发行国债规模变化情况

资料来源：澳大利亚财政管理办公室（AOFM），彭博资讯。

澳大利亚保证国债期货运行的原因有两个。第一，国债期货促进了利率价格发现，有利于维持利率基准体系；第二，整个经济通过国债期货可以以较低的成本管理利率风险。

三、实验步骤及示例

（一）国债期货合约主要条款的设计思路

国债期货合约设计原则：考虑套期保值效果，使市场参与者能通过国债期货市场有效规避利率风险；保障国债期货市场的价格发现功能得以有效发挥；有效防止价格操纵行为的发生，强化风险控制；为保障国债期货功能的发挥，还需考虑国债期货流动性问题。图 4-7，为中金所 5 年期国债期货仿真交易合约主要条款的示例。

1. 国债期货合约标的的选择

国债期货标的的选择是合约设计的核心，选取合约标的的基本原则为市场代表性、抗操纵性、避险需求的广泛性。

国际市场的成功产品是 5 年期和 10 年期国债期货。首推 5 年期国债期货，剩余年限 4—7 年的国债都可以参与交割，原因在于：交易比较活跃，流动性相对较好；年限适中、信用债期限匹配；参与机构类型多元化；市场避险需求强烈。可交割国债包含 5 年期、7 年期两个财政部关键期限国债，债券供应量稳定。2012 年发行 5 年期和 7 年期国债共 13 期，约 4 000 亿元。2013 年计划发行 5 年期和 7 年期国债共 18 期，约 5 040 亿元。

项目	内容
合约标的	面值为100万元人民币、票面利率为3%的中期国债
可交割国债	到期月份首日剩余期限为4—7年的记账式附息国债
报价方式	百元净价报价
最小变动价位	0.002元（每张合约最小变动20元）
合约月份	最近的三个季月（三、六、九、十二季月循环）
交易时间	9:15-11:30, 13:00-15:15；最后交易日：9:15-11:30
每日价格最大波动限制	上一交易日结算价的±2%
最低交易保证金	合约价值的2%
最后交易日	合约交割月份的第二个星期五
最后交割日	最后交易日后的第三个交易日
交割方式	实物交割
合约代码	TF

图4-7 中金所5年期国债期货仿真交易合约条款

2. 合约面额

境外国债期货合约面额如图4-8所示。

交易所	合约名称	合约面值 (以2011年11月30日汇率)
欧洲期货交易所(Eurex)	短、中、长期欧元债券期货	100 000欧元(845 735元人民币)
美国芝加哥商业交易所集团(CME Group)	5、10年期国债期货	100 000美元(637 395元人民币)
	2、3年期国债期货	200 000美元(1 274 790元人民币)
澳大利亚证券交易所(ASX)	10年期澳洲政府债券期货	100 000澳元(634 715元人民币)
韩国交易所(KRX)	10年期国债期货	1亿韩元(559 000元人民币)
伦敦国际金融期货交易所(LIFFE)	英国政府中期(5年)债券期货	100 000英镑(990 960元人民币)
台湾期货交易所(TAIFEX)	10年期政府公债期货	500 000台币(1 049 406元人民币)

图4-8 境外国债期货合约面额

国际上，各国国债期货合约面值约为60万—130万元人民币。国内银行间债券市场的现券单笔成交金额在1亿—2亿元，交易所债券市场的国债单笔成交金额一般低于100万元。综合考虑机构投资者的套保、套利需求，确定5年期国债期货的合约面额为100万元。

3. 名义票面利率

票面利率的设计原则：保持国债期货久期相对稳定，降低套期保值成本；可交割券替代性强，有利于防操纵和防逼仓；参考合约标的的收益率水平，确定出一个相对合理的整数利率。美国国债期货票面利率调整经验如图4-9所示。

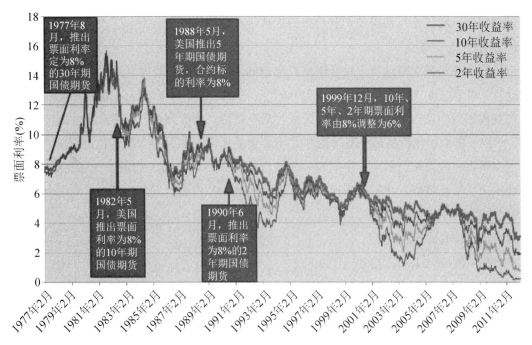

图 4-9 美国国债期货票面利率调整过程

图 4-10 为我国 2008 年至 2013 年 5 年期国债收益率的变动情况,其平均收益率为 3.23%,所以,将 5 年期国债期货的票面利率设为 3%。

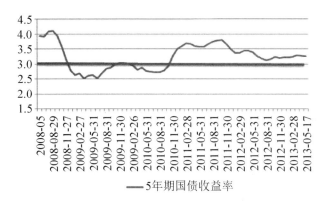

图 4-10 我国 2008—2013 年 5 年期国债收益率变动情况

4. 合约交割月份

境外国债期货多采用季月合约,同时存在的合约数大多数是 3 个,最多的是 5 个(CME)。

我国债券期货交割月份采用 3、6、9、12 季月循环中最近的 3 个季月,符合国际惯例,同时可以避开春节、国庆节等长假,债券期货价格的波动较少受到长假因素的影响。

5. 报价方式

国际市场上,采用实物交割方式的国债期货的报价都采用百元报价;采用现金交割方式的澳大利亚国债期货以收益率报价。百元报价指以面额 100 元的国债价格为单位进行报价。

参照国际惯例，我国 5 年期国债期货的报价方式也采用百元报价。

6. 最小价格变动

市场流动性是最小变动价位设计中重点考虑的因素，最小变动价位太大或者太小都不利于流动性。仿真交易初期最小变动价位为 0.01 元，2012 年 6 月下旬已调整为 0.002 元。

在我国国债现货市场，银行间市场采用收益率报价，议价到 0.01%或者 0.005%，转换到价格，相应 5 年期国债价格最小变动为 0.02 元；交易所平台的最小变动价位通常为 0.01 元，只有上交所固定收益平台债券价格的最小变动价位为 0.001 元。考虑到国债价格波动性较小，结合我国现货市场特点，我国 5 年期国债期货最小变动价位定为 0.002 元。

7. 交易时间的设定

现券市场交易时间：

交易所：9:30—11:30，13:00—15:00。

银行间：9:00—12:00，13:30—16:30。

（银行间市场在 9:30—15:00 成交金额占全天的 91.28%。）

国债期货交易时间设定为：上午 9:15—11:30，下午 13:00—15:15，覆盖交易所和银行间市场的所有交易时段。

8. 最后交易日交易时间

最后交易日交易时间为上午 9:15—11:30。首先，这与国际上的交易惯例相符合；其次，交割卖方有更多的时间融券，减少客户的违约风险，有利于交割的顺利进行。

9. 最后交易日

最后交易日为季月的第二个周五，因为季末有资金和监管的压力，金融机构资金紧张，需要避开每季下旬。

（二）国债期货可交割国债的转换因子的计算

在交割过程中，各可交割国债的票面利率、到期时间等各不相同，因此，必须确认各种可交割国债和名义标准券之间的转换比例，这就是转换因子(conversion factors，CF)。

转换因子计算公式如下：

$$\text{CF} = \frac{1}{(1+r/f)^{xf/12}} \left\{ \frac{c}{f} + \frac{c}{r} \left[1 - \frac{1}{(1+r/f)^{n-1}} \right] + \frac{1}{(1+r/f)^{n-1}} \right\} - \frac{c}{f} \times \frac{12-fx}{12} \quad (4-1)$$

其中，r：5 年期国债期货合约票面利率 3%；

x：交割月到下一付息月的月份数；

n：剩余付息次数；

c：可交割国债的票面利率；

f：可交割国债每年的付息次数。

转换因子计算示例：

计算转换因子的隐含假设：所有可交割债券的到期收益率均为 3%。对于中金所 5 年期国债期货合约来说，转换因子实质上是面值 1 元的可交割国债在其剩余期限内的现金流，用 3%的国债期货名义标准券票面利率贴现至最后交割日的净价（全价-应计利息）。为具有可比性，所有可交割券与虚拟券均以同样的到期收益率（3%）贴现至最后交割日，与虚拟券的价格比值即为转换因子。

虚拟券：

$$P = \frac{3}{(1+3\%)^1} + \frac{3}{(1+3\%)^2} + \frac{3}{(1+3\%)^3} + \frac{3}{(1+3\%)^4} + \frac{103}{(1+3\%)^5} = 100$$

可交割债券 1：

$$P = \frac{2.5}{(1+3\%)^1} + \frac{2.5}{(1+3\%)^2} + \frac{2.5}{(1+3\%)^3} + \frac{102.5}{(1+3\%)^4} = 98.1415$$

可交割债券 2：

$$P = \frac{4}{(1+3\%)^1} + \frac{4}{(1+3\%)^2} + \frac{4}{(1+3\%)^3} + \frac{4}{(1+3\%)^4} + \frac{4}{(1+3\%)^5} + \frac{104}{(1+3\%)^6} = 105.4172$$

因此，可交割债券 1 的 CF 为 0.9814；可交割债券 2 的 CF 为 1.0542。图 4-11 为 TF1306 仿真交易可交割券和转换因子。

TF1306仿真交易可交割券和转换因子

债券代码	托管机构	票面利率%	到期日期	转换因子
080003.IB	中债登	4.07	20180320	1.0470
019803.SH	中证登上海	4.07	20180320	1.0470
100803.SZ	中证登深圳	4.07	20180320	1.0470
080018.IB	中债登	3.68	20180922	1.0328
019818.SH	中证登上海	3.68	20180922	1.0328
100818.SZ	中证登深圳	3.68	20180922	1.0328
090003.IB	中债登	3.05	20190312	1.0026
019903.SH	中证登上海	3.05	20190312	1.0026
100903.SZ	中证登深圳	3.05	20190312	1.0026
090027.IB	中债登	3.68	20191105	1.0394
019927.SH	中证登上海	3.68	20191105	1.0394
100927.SZ	中证登深圳	3.68	20191105	1.0394
090023.IB	中债登	3.44	20190917	1.0249
019923.SH	中证登上海	3.44	20190917	1.0249
100923.SZ	中证登深圳	3.44	20190917	1.0249
090007.IB	中债登	3.02	20190507	1.0011
019907.SH	中证登上海	3.02	20190507	1.0011
100907.SZ	中证登深圳	3.02	20190507	1.0011
090016.IB	中债登	3.48	20190723	1.0265
019916.SH	中证登上海	3.48	20190723	1.0265
100916.SZ	中证登深圳	3.48	20190723	1.0265
100002.IB	中债登	3.43	20200204	1.0258
019002.SH	中证登上海	3.43	20200204	1.0258
101002.SZ	中证登深圳	3.43	20200204	1.0258
100022.IB	中债登	2.76	20170722	0.9909
019022.SH	中证登上海	2.76	20170722	0.9909
101022.SZ	中证登深圳	2.76	20170722	0.9909
100027.IB	中债登	2.81	20170819	0.9926
019027.SH	中证登上海	2.81	20170819	0.9926
101027.SZ	中证登深圳	2.81	20170819	0.9926
100007.IB	中债登	3.36	20200325	1.0218
019007.SH	中证登上海	3.36	20200325	1.0218
101007.SZ	中证登深圳	3.36	20200325	1.0218
100038.IB	中债登	3.83	20171125	1.0337
019038.SH	中证登上海	3.83	20171125	1.0337
101038.SZ	中证登深圳	3.83	20171125	1.0337
100032.IB	中债登	3.10	20171014	1.0039
019032.SH	中证登上海	3.10	20171014	1.0039
101032.SZ	中证登深圳	3.10	20171014	1.0039
100012.IB	中债登	3.25	20200513	1.0155
019012.SH	中证登上海	3.25	20200513	1.0155
101012.SZ	中证登深圳	3.25	20200513	1.0155
110021.IB	中债登	3.65	20181013	1.0315
019121.SH	中证登上海	3.65	20181013	1.0315
101121.SZ	中证登深圳	3.65	20181013	1.0315
110006.IB	中债登	3.75	20180303	1.0326
019106.SH	中证登上海	3.75	20180303	1.0326
101106.SZ	中证登深圳	3.75	20180303	1.0326
100003.IB	中债登	3.83	20180127	1.0349
019103.SH	中证登上海	3.83	20180127	1.0349
101103.SZ	中证登深圳	3.83	20180127	1.0349
110017.IB	中债登	3.70	20180707	1.0325
019117.SH	中证登上海	3.70	20180707	1.0325
101117.SZ	中证登深圳	3.70	20180707	1.0325
120016.IB	中债登	3.25	20190906	1.0140
019216.SH	中证登上海	3.25	20190906	1.0140
101216.SZ	中证登深圳	3.25	20190906	1.0140
120014.IB	中债登	2.95	20170816	0.9980
019214.SH	中证登上海	2.95	20170816	0.9980
101214.SZ	中证登深圳	2.95	20170816	0.9980
120005.IB	中债登	3.41	20190308	1.0213
019205.SH	中证登上海	3.41	20190308	1.0213
101205.SZ	中证登深圳	3.41	20190308	1.0213
130003.IB	中债登	3.42	20200124	1.0246
019303.SH	中证登上海	3.42	20200124	1.0246
101303.SZ	中证登深圳	3.42	20200124	1.0246
130001.IB	中债登	3.15	20180110	1.0062
019301.SH	中证登上海	3.15	20180110	1.0062
101301.SZ	中证登深圳	3.15	20180110	1.0062

图 4-11 TF1306 仿真交易可交割券和转换因子

注：转换因子在合约上市时公布，在合约存续期间其数值不变。

转换因子与票面利率、到期期限的关系，如图 4-12 所示。

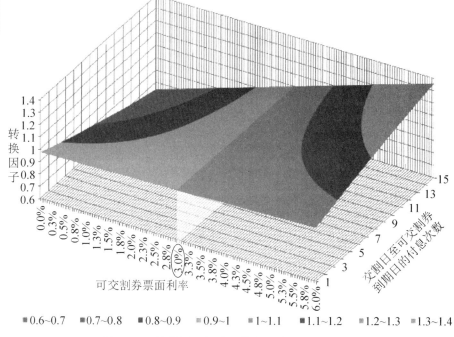

图 4-12 转换因子与票面利率、到期期限的关系

转换因子与交割货款的关系：

$$交割货款 = 期货结算价格 \times 转换因子 + 应计利息 \tag{4-2}$$

实验三　钢材期货套期保值策略设计

一、实验目的与要求

本节实验主要对卖出套期保值及买入套期保值的案例进行分析，旨在使学生了解并掌握期货套期保值策略的设计方法和操作过程。

该实验要求如下：

1. 了解并掌握期货套期保值策略的相关概念；

2. 能够熟练运用期货套期保值策略的设计方法进行套期保值，并对相应的保值策略效果进行分析。

二、实验说明

期货套期保值，是指把期货市场当作转移价格风险的场所，利用期货合约作为将来在现货市场上买卖商品的临时替代物，对其现在买进准备以后售出商品或对将来需要买进商品的价格进行保险的交易活动。期货套期保值可以分为买入（多头）套期保值和卖出（空头）套期保值。本节实验主要是在钢材的期货市场及现货市场进行套期保值策略的设计及分析。

三、实验步骤及示例

案例一：经销商进行卖出套期保值

2008年7月22日，郑州螺纹现货价格为5 480元，期货价格为5 600元。由于担心下游需求减少而导致价格下跌，某经销商欲在期货市场上卖出保值来为其5 000吨钢材保值，于是在期货市场卖出期货主力合约1 000手（1手合5吨）。此后螺纹价格果然下跌，8月6日价格为5 320元，期货价格下跌至5 400元/吨。此时钢材经销商的5 000吨螺纹在市场上被买家买走，经销商于是在期货市场上买入1 000手合约平仓，完成套期保值。某经销商的套期保值效果（不考虑手续费等交易成本）具体的盈亏变化，如表4-1所示。

表4-1　卖出套期保值的盈亏分析

	现货市场	期货市场	基差
7月22日	螺纹价格为5 480元/吨	卖出期货合约1 000手，价格为5 600元/吨	-120元/吨
8月6日	卖出现货5 000吨，价格为5 320元/吨	买入1 000手合约平仓，价格为5 400元/吨	-80元/吨
盈亏变化	(5320-5480)×5000=-800000（元）	(5600-5400)×5000=1000000（元）	基差走强40元/吨

情况一：期货价格下跌大于现货价格下跌

盈亏变化：(5320-5480)×5000=-800000（元），(5600-5400)×5000=1000000（元），即基差走强40元/吨。

从盈亏情况来看，现货价格的下跌导致经销商损失了80万元，但是由于其在期货市场上的保值成功，在期货市场上盈利了100万元，综合起来在螺纹价格下跌的不利局面下经销商不仅成功规避了价格下跌的风险，而且额外然盈利20万元。

情况二：期货价格下跌小于现货价格下跌。到8月6日，现货价格下跌至5 320元/吨，期货价格下跌仅100元，为5 500元/吨，则具体的盈亏变化如表4-2所示。

表4-2　卖出套期保值的盈亏分析

	现货市场	期货市场	基差
7月22日	螺纹价格为5 480元/吨	卖出期货合约1 000手，价格为5 600元/吨	-120元/吨
8月6日	卖出现货5 000吨，价格为5 320元/吨	买入1 000手合约平仓，价格为5 500元/吨	-180元/吨
盈亏变化	(5320-5480)×5000=-800000（元）	(5500-5400)×5000=500000（元）	基差走弱60元/吨

此时的盈亏状况为：现货市场上由于价格的不利变动使经销商损失 80 万元，但由于其在期货市场上进行套期保值，收益 50 万元，规避了现货市场上亏损的绝大部分。如果经销商没有进行套期保值，则亏损为 80 万元。

情况三：此时期货市场和现货市场价格下跌相同，同为 160 元/吨，则具体的盈亏变化如表 4-3 所示。

表 4-3 卖出套期保值的盈亏分析

	现货市场	期货市场	基差
8月6日	钢材销售价格 5 320 元/吨	买入 1 000 手期货合约，价格为 5 600 元/吨	-280 元/吨
9月25日	买入 5 000 吨钢材，价格为 5 480 元/吨	卖出 1 000 手期货合约平仓，价格为 5 800 元/吨	-320 元/吨
盈亏变化	(5320-5480)×5000 =-800000（元）	(5800-5600)×5000 = 1000000（元）	基差走弱 40 元/吨

卖出套期保值的利弊分析：

1. 卖出保值能够规避未来价格下跌的风险。如在上例中钢厂成功通过期货规避了未来价格下跌的风险。

2. 经营企业通过卖出保值，可使保值企业按照原先的经营计划，强化管理、认真组织货源，顺利完成销售计划。

3. 有利于现货合约顺利签订。企业由于做了卖出保值，就不必担心对方要求以日后交货时的现货价为成交价。因为在价格下跌的趋势中，企业由于做了卖出保值，就可以用期货市场的盈利来弥补现货价格下跌造成的损失。反之，如果价格上涨，企业趁机在市场上卖了个好价钱，尽管期货市场上出现了亏损，但该企业还是实现了自己的销售计划。

案例二：经销商进行买入套期保值

2008 年 8 月 6 日郑州螺纹价格为 5 320 元，期货价格为 5 600 元。某经销商认为夏季由于是建筑业淡季导致螺纹需求减少而价格下跌，8 月后螺纹价格降将回升。经销商本想购买 5 000 吨，但由于资金周转不畅无法提前大量购买，便利用期货的保证金制度（简单说只用交 10%的保证金即可购买 100%的货物）在期货市场上进行买入保值，买入 1 000 手期货合约。到了 9 月 25 日，假设出现以下几种情况：

情况一：价格上涨，且期货价格涨幅大于现货价格。现货价格上涨 160 元，期货价格上涨 200 元，则具体的盈亏变化如表 4-4 所示。

9 月 25 日，经销商资金到位，以每吨 5 480 元购买钢材 5 000 吨，比预期多支付 80 万元。但由于其在期货市场上进行了买入保值，盈利 100 万元，这样不仅抵消了多支付的 80 万元（也可以理解为将价格锁定在了 8 月 6 日 5 320 元的水平），而且额外盈利 20 万元。

表 4-4 买入套期保值的盈亏分析

	现货市场	期货市场	基差
8月6日	钢材销售价格 5 320 元/吨	买入 1 000 手期货合约，价格为 5 600 元/吨	-280 元/吨
9月25日	买入 5 000 吨钢材，价格为 5 480 元/吨	卖出 1 000 手期货合约平仓，价格为 5 800 元/吨	-320 元/吨
盈亏变化	(5320-5480)×5000 =-800000（元）	(5800-5600)×5000 = 100（万元）	基差走弱 40 元/吨

另外，对于不存在资金问题的经销商，买入保值就是所说的锁定了价格，在9月25日以8月6日的价格购买后即可出售，免去提前购买后等待价格上涨的这段时间中的仓储费等相关费用。

情况二：期货价格上涨幅度小于现货价格。现货价格上涨160元，期货价格上涨100元，则具体的盈亏变化如表4-5所示。

表 4-5 买入套期保值的盈亏分析

	现货市场	期货市场	基差
8月6日	钢材销售价格 5 320 元/吨	买入 1 000 手期货合约，价格为 5 600 元/吨	-280 元/吨
9月25日	买入 5 000 吨钢材，价格为 5 480 元/吨	卖出 1 000 手期货合约平仓，价格为 5 700 元/吨	-220 元/吨
盈亏变化	(5320-5480)×5000=-800000（元）	(5700-5600)×5000=50（万元）	基差走强 60 元/吨

同上，9月25日经销商资金到位后，在现货市场上购买5 000吨钢材，同时在期货市场上卖出合约平仓，则在现货市场亏损80万元，但在期货市场盈利50万元，抵消了大部分现货亏损，同样适当规避了价格风险。

对于不存在资金问题的经销商来说，需要对比提前购买后的仓储费等相关费用来权衡。但是由于人们的预期往往高于实际（即炒作原因），所以绝大部分情况下期货价格的上涨幅度会大于现货价格，因此，此种情况通常比较少见。

情况三：期货价格与现货价格同幅度上涨。期货市场的盈利刚好抵消现货市场的亏损，即盈亏相抵。但对于所有现货商来说，都可以减少甚至免去提前囤积现货所带来的仓储等相关费用。

情况四：期货价格和现货价格同幅度下跌，例如都下跌100元，则具体的盈亏变化如表4-6所示。

此种情况下期货市场的亏损会冲减掉现货市场的盈利，冲减程度视两个市场各自的下跌幅度而论。如果期货价格下跌大于现货价格，则会出现亏损；如果期货价格下跌小于现货价格，则综合两个市场盈亏状况仍然是盈利，但盈利减少。

表4-6 买入套期保值的盈亏分析

	现货市场	期货市场	基差
8月6日	钢材销售价格5 320元/吨	买入1 000手期货合约，价格为5 600元/吨	-280元/吨
9月25日	买入5 000吨钢材，价格为5 220元/吨	卖出1 000手期货合约平仓，价格为5 500元/吨	-280元/吨
盈亏变化	(5320-5200)×5000 = 50（万元）	(5500-5600)×5000 = 50（万元）	基差不变

买入套期保值的利弊分析：

1. 买入保值能够规避价格上涨带来的风险。在本例中经销商进行了买入套期保值，通过期货市场的盈利完全或者大部分规避了现货价格上涨的风险。

2. 能够提高资金的使用效率。由于期货是一种保证金交易，因此只用少量资金就可以控制大量货物，加快了资金的周转速度。在本例中，经销商只用5600×5000×5%=1400000(元)，最多再加上10%的保证金作为抗风险的资金，其余90%的资金在1个月内可加速周转，不仅降低了仓储费用，而且减少了资金占用成本。

3. 对于需要库存的商品来说，节省了部分仓储费用、保险费用和损耗费。

4. 能够对冲违约风险。如在上例中，由于价格的上涨，即使经销商与厂家签订有远期合同，钢厂势必不愿意按照8月的价格供货，造成违约风险，甚至谈判破裂导致经销商无法拿到货物。如果经销商做了买入套期保值，那么即使出现厂家违约的状况，无法以约定低价拿到货，其在期货市场上的盈利也可以弥补现货市场上的亏损。如果厂家履行合约，那么经销商就在期货市场上获得了额外的盈利。

实验四 股指期货套期保值策略设计

一、实验目的及要求

通过设计股指期货套期保值策略，掌握策略设计流程，在已有的投资组合中加入股指期货进行套期保值，提升保值效果。

该实验要求如下：

1. 了解并掌握股指期货套期保值的相关概念；

2. 熟练掌握股指期货在投资组合中的运用，提升套期保值策略的效果，实现更好的收益。

二、实验说明

在已有的投资组合中加入股指期货进行套期保值,可以使组合收益构成发生变化,组合的最终收益将由无风险收益、分红收益、Alpha 收益、对冲后的 β 收益和基差收益组成。其中 β 收益也是使用股指期货的根本动因:管理 β 部分的收益。此外,由于套期保值时机的选择不同,还产生了部分额外收益——基差收益,我们也设计了一些操作策略来管理这部分收益。投资组合中加入股指期货对组合收益构成的影响如图 4-13 所示。

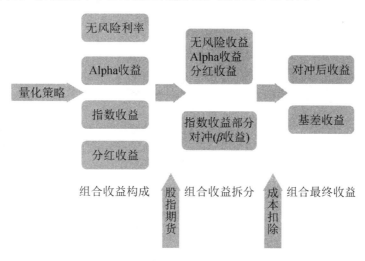

图 4-13 加入股指期货对投资组合收益构成的影响

资料来源:海通期货研究所。

根据套保的不同层次的需求,套期保值策略分为积极套期保值策略和消极套期保值策略,区别如表 4-7 所示。积极套期保值策略通常应该包括六个流程:套期保值目标的设定、择时套保、建仓合约的选择、动态调整期货头寸、展期策略和结束套期保值流程。在这几个流程当中,如果能在恰当环节采取有针对性的积极的套期保值策略,便能有效提升套期保值效果,如图 4-14 所示。

表 4-7 积极套保和消极套保的区别

策略类	预期收益	预期风险	潜在机会	建议
消极套保	取决于套保的价位	被动套保,锁定利润,风险非常小	随时可套保	适合风险厌恶型投资者,套保额度需申请
积极套保	取决于套保的价位及市场择时	取决于管理人的操作	机会多 风险高	适合风险厌恶型投资者,套保额度需申请

资料来源:海通期货研究所。

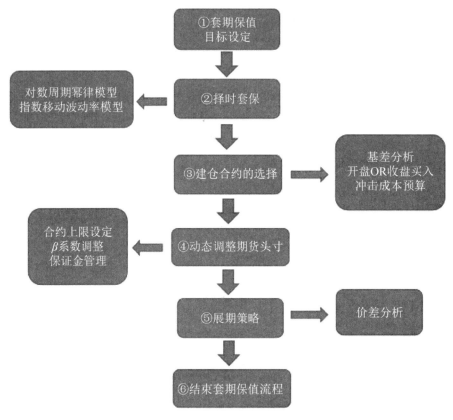

图 4-14 积极套期保值的六个流程

资料来源：海通期货研究所。

三、实验步骤及示例

积极的股指期货套期保值的六个流程如下：

（一）套期保值目标的设定

从投资者套期保值需求来看，投资者参与套期保值有四个层次的目标：增强现货流动性、规避系统性风险、改变组合风格和市值管理。股指期货可以用作现货流动性管理工具的原因在于，当期货市场成熟以后，股指期货与现货相比，交易成本更低、流动性更好。在资产组合中配置一定比例的股指期货可有效管理系统性风险。市场上涨时可以增加股指期货的仓位来提高组合 β 值，增加收益；市场下跌时，减少组合 β 值，降低损失。因为沪深 300 指数期货的成分股以大盘、价值型股票为主，资产管理者在原有的资产配置上加入股指期货就可以达到改变基金风格的目的。一旦遇到"6·24"这种极端行情，现货市场流动性严重不足，投资者可以通过期货市场来实现仓位的迅速调整。此外，投资者还可通过股指期货对现金流套期，应对现金流风险，将现金流对业绩的影响降至最低程度。

（二）择时套保

确定了套期保值的目标以后，投资者宜结合宏观经济形势和市场微观特征选择套保时机。在一般情况下，我们利用股指期货价格的"指数移动平均±指数移动标准差（波动率）×区间宽度参数"来构建无交易区间。当股指期货价格介于无交易区间时，不做任何交易；当价格突破区间上界时，买入期货建仓多头并持有，直至价格再次进入无交易区间，进行平仓操作；当价格突破区间下界时，卖出期货建空头仓并持有，直至价格再次进入无交易区间，进行平仓操作。

（三）建仓合约的选择

按照海外成熟市场的规律，股指期货当月合约一般是交易最为活跃、流动性最好的合约。理论上投资者应该以当月合约作为主要的建仓标的，然而套期保值的一个重要假设就是现货价格与期货价格具有明显的联动性，当月合约的基差因为即将交割，收敛较快，当月合约的套期保值效果会大打折扣，参与套期保值的投资者要密切关注此风险。若非主力合约流动性较好，投资者可考虑建仓非主力合约。

另一方面，基差是实时变动的，仿真交易数据表明，开盘基差低于收盘基差的平均值为 20 点，对于买入现货、卖出期货的套期保值者来说，基差越小，套期保值的效果越好，投资者宜采取开盘进场策略；对于卖出现货、买入期货（有现货或者是能融券的投资者可实现此操作）的投资者来说，基差越大，套期保值的效果越好，投资者宜采取收盘进场策略。各合约 t 日基差平均值如图 4-15 所示。

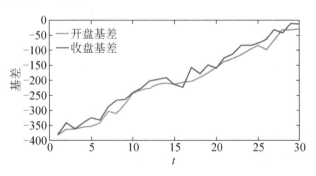

图 4-15　各合约 t 日基差平均值

资料来源：WIND，海通期货研究所。

（四）动态调整期货头寸

选择合适的模型预测最优套保比率 β（H）是套期保值成功的关键之一。预测 β 系数的主要方法有历史调整法、单位 β 模型、布鲁姆调整（美林模型）、滚动时间模型、随机游走的状态空间模型和均值回复的状态空间模型。

使用 2007 年 7 月 2 日至 2009 年 5 月 4 日沪深 300 指数以及沪深 300 行业日度数据,我们发现各模型平均绝对误差(MAE)结果如图 4-16 所示。经过比较,使用 ARMA 模型预测 β 系数的效果最好。不过任何模型都有自身的缺陷,投资者需结合实际情况,注意对 β 系数预测效果的密切跟踪。

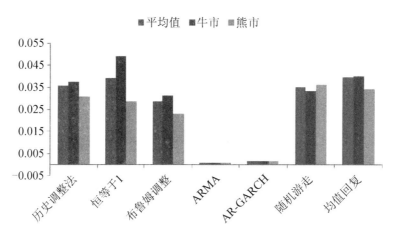

图 4-16 各模型平均绝对误差(MAE)比较

资料来源:WIND,海通期货研究所。

需要注意的是,由于股票组合的 β 值具有时变特征,因此在套期保值过程中,最优套保比率是动态变化的,而现货组合的市值也会改变,因此需要对组合中的期货头寸进行动态调整,保证套保效率。建议投资者采用临时调整和动态调整相结合的方式。临时调整用来应对套保效率在极端事件发生时剧烈套保效率波动的风险。定期调整则可以及时跟踪市场变化,通过定期微调的方式提升套保效率。

投资者要特别注意的是,股指期货需要预留一部分保证金应对市场波动的风险。备用保证金应该合理设置,预留过多的备用保证金会增加资金的机会成本,太少的备用保证金又会提升爆仓的风险,利用 VaR 方法动态管理保证金是一个可行的方案。通过对沪深 300 指数现货和期货数据的检验,我们发现沪深 300 指数现货很少超过 5%的阀值边界,沪深 300 指数期货当月合约则很少超过 1%的阀值边界。投资者在 VaR 阀值的边界上适当增加少量保证金即可覆盖市场波动的风险。

(五)展期策略

当套期保值的到期日比持有的期货合约交割期限更长时,必须将期货合约向前延展,包括将一个期货合约平仓同时买入另一个到期日较晚的期货合约头寸,并可能向前延展多次。

所谓"展期风险"是指在向前展期的情况下,合约平仓时的价格与下一个新合约开仓时的价格之差存在着不确定性,新旧合约的价差就是投资者在展期时点上面临的主要风险。根据对股指期货仿真交易数据的统计,当月合约与近月合约价差的最小值主要分布在距离交割结算日 30 个交易日至 21 个交易日之间的时间段，熊市应该在此时间段展期，牛市则在距离交割结算日 5 个交易日至交割结算日之间展期效果最佳。价差（近—远）最小、最大的频率图如图 4-17 及 4-18 所示。

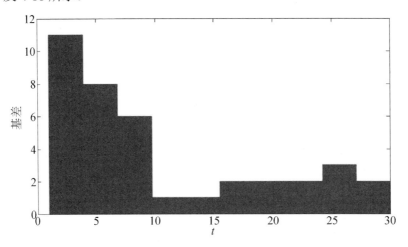

图 4-17　价差（近—远）最小值频率

资料来源：WIND，海通期货研究所。

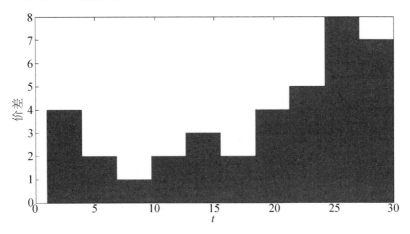

图 4-18　价差（近—远）最大值频率

资料来源：WIND，海通期货研究所。

（六）结束套期保值流程

最后一步就是选择时机平仓，结束一个套期保值流程。触发平仓的条件主要有三个：一为投资者调仓结束；二为现金流趋于稳定；三为系统性风险释放较为充分。期货头寸平仓后，投资者需注意保证金的机会成本对投资业绩的影响。

以上就是一个经典的套期保值流程。

本章参考文献

[1] 王宏伟. 股指期货套期保值和套利策略分析[D]. 北京：中国社会科学院研究生院, 2013.

[2] 钱文豪. 国债期货交易策略研究[D]. 苏州：苏州大学, 2013.

[3] 康宏. 深300股指期货套利交易实证研究[D]. 北京：首都经济贸易大学, 2011.

[4] 高翔. 中国股指期货市场跨期套利策略的分析与实践[D]. 成都：西南财经大学, 2013.

[5] 黄文卿. 中国股指期货套利交易及风险控制研究[D]. 上海：复旦大学, 2008.

[6] 席晓峰. 股指期货定价模型和套利研究[J]. 金融衍生品研究, 2006.

[7] 郑明川. 期货交易理论和实务[M]. 杭州：浙江大学出版社, 2002.

[8] Bertram W K. Analytic Solutions for Optimal Statistical Arbitrage Trading[J]. Physica A Statistical Mechanice & Its Applications, 2009.

[9] Richie N, Dailger R, Gleason, K C. Index Arbitrage Between Futures and ETFs:Evidence on the Limits to Arbitrage from S&P500 Futures and SPDRS[R]. Florida Atlantic University, Working paper, 2007.

第五章　欧式期权模拟设计

【本章导读】

本章主要介绍在 Excel 的操作环境下对欧式期权进行模拟设计，通过本章的学习，学生应该能够：

1. 在 Excel 操作环境下解决期权问题。利用 Excel 实现二叉树分布、股票价格终值路径和概率的计算、股票价格终值描述统计等功能。

2. 在 Excel 操作环境下实现 JR 树欧式期权设计。对二叉树参数进行选择和计算，并在风险中性条件下为期权定价。

3. 在 Excel 操作环境下实现 CRR 树欧式期权设计。用考克斯、罗斯和鲁宾斯坦（CRR）提出的参数来构造二叉树，并用来为期权定价。

4. 理解布莱克-舒尔斯公式，并学会在 Excel 软件环境下利用布莱克-舒尔斯公式对欧式期权进行定价。

实验一　简化二叉树欧式期权设计

一、实验目的与要求

通过用贾罗和拉德（Jarrow and Rudd，简称 JR）参数来构造一个简化 9 期二叉树，展示股票价格的变动路径和概率计算，使学生理解并掌握二叉树期权设计方法，培养其运用 Excel 操作软件解决期权问题的动手能力，为下一节 JR 二叉树欧式期权的设计打下基础。

该实验要求如下：

1. 理解二叉树分布方法；
2. 理解并掌握股票价格终值路径和概率计算；
3. 掌握股票价格终值的描述统计。

二、实验说明

该实验中二叉树的结构很简单,主要是为了方便展示电子表格的版式设计。在价格上下运动概率相等、期间长度相同的情况下,价格的上升将沿着对角线方向移动,价格的下降将沿着固定的行向右移动。且每一期,股票价格以相同的概率和变化量向上或向下运动。用前面的 9 期价格变化量相加,最终得到 10 个不同终值。每个终值的实际概率可以由二项分布计算得到。这样,就可以用一个简单的离散二项随机游走模型的极限——连续随机过程来对股票价格进行建模了。

三、实验步骤及示例

本模型运用 JR 参数来构造一个简化 9 期二叉树,JR 树中股价上涨和下跌的概率相等,也就是 $p=0.5$。每一期上涨或下跌的幅度为 $1/\sqrt{9}$,即为 1/3。9 期二叉树的价格是从初始值 0 开始运动的。为使股价变动近似服从标准正态分布,确保终值分布的均值为 0,方差为 1,故参数的选择为:股价变化幅度为 1/3,$p=0.5$。基础数据如图 5-1 所示。

	B	C	D
6	1. 该工作表用来生成一个简单二叉树。		
7	2. 股票价格上涨概率为0.5。		
8			
9	表1 基础数据		
11	二叉树期数	每期股票价格变化	股价上涨概率
12	9	0.33	0.50

图 5-1 简单二叉树参数设置

(一)二叉树分布在 Excel 软件中的实现

股票价格的上升将沿着对角线方向移动,价格的下降将沿着固定的行向右移动。因此在第 28 行中,每个数据都比前一期数据要少 1/3,而沿着对角线的方向,每个数据都比前一期数据要多 1/3。在单元格 D28 中的利用带有条件语句的公式来判断单元格是否在对角线上,并通过 OFFSET 函数来处理价格单元格的相对位置。单元格中的公式为:

=IF($B28<D$18,OFFSET(D28,0,-1)-$C$12,OFFSET(D28,1,-1)+$C$12)

将上述公式复制到对角线以下的单元格即可,股价运动过程如图 5-2 所示。

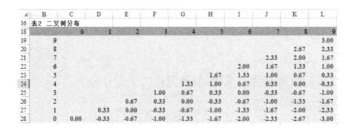

图 5-2 简单二叉树股价运动

（二）股票价格终值路径和概率在 Excel 软件中的实现

股票价格上涨和下跌的概率相等（因此，所有上升下降序列出现的概率相等），那么基于二叉树的概率分布可以由到达终值节点的路径数决定。COMBIN 函数给出了每一个看涨期权收益的路径数。在 D33 中所用公式为"=COMBIN($B$12,B33)"，将其复制到 D34：D42 中。其中$B$12 是二叉树的期数，B33 是价格向上运动的期数。在单元格 E33 中给出了其概率，公式为"=D33*($D$12^$B$12)"，$D$12 则是价格向上运动的概率。并把上述公式复制到 E34：E42 中。计算出股票价格终值路径和概率如图 5-3 所示。

	B	C	D	E
30	表3 股票价格终值路径和概率			
32	股价上涨次数	终值	路径数	概率
33	9	3.00	1	0.00
34	8	2.33	9	0.00
35	7	1.67	36	0.01
36	6	1.00	84	0.02
37	5	0.33	126	0.03
38	4	-0.33	126	0.03
39	3	-1.00	84	0.02
40	2	-1.67	36	0.01
41	1	-2.33	9	0.00
42	0	-3.00	1	0.00

图 5-3　股票价格终值路径和概率

（三）股票价格终值描述统计在 Excel 软件中的实现

在 B47 中输入：=SUMPRODUCT(C33:C42,E33:E42)，求出股价均值，如图 5-4 所示。

	B	C	D	E	F
	STDEVA		=SUMPRODUCT(C33:C42,E33:E42)		
31	表3 股票价格终值路径和概率				
32	股价上涨次数	终值	路径数	概率	
33	9	3.00	1	0.00	
34	8	2.33	9	0.00	
35	7	1.67	36	0.01	
36	6	1.00	84	0.02	
37	5	0.33	126	0.03	
38	4	-0.33	126	0.03	
39	3	-1.00	84	0.02	
40	2	-1.67	36	0.01	
41	1	-2.33	9	0.00	
42	0	-3.00	1	0.00	
43					
44	表4 股票价格终值描述统计				
45					
46	均值	标准差			
47	=SUMPROI	0.37			

图 5-4　股票价格终值描述统计——均值计算

在 C47 中输入：=SQRT(SUMPRODUCT(E33:E42,(C33:C42)^2)-B47^2)，计算出标准差，如图 5-5 所示。

	B	C	D	E
31	表3 股票价格终值路径和概率			
32	股价上涨次数	终值	路径数	概率
33	9	3.00	1	0.00
34	8	2.33	9	0.00
35	7	1.67	36	0.01
36	6	1.00	84	0.02
37	5	0.33	126	0.03
38	4	-0.33	126	0.03
39	3	-1.00	84	0.02
40	2	-1.67	36	0.01
41	1	-2.33	9	0.00
42	0	-3.00	1	0.00
43				
44	表4 股票价格终值描述统计			
45				
46	均值	标准差		
47	0.00	=SQRT(SU|		

图 5-5 股票价格终值描述统计——标准差计算

实验二　JR 二叉树欧式期权设计

一、实验目的与要求

通过应用 JR 参数来构造一个 9 期二叉树，并用来为期权定价。
该实验要求如下：
1. 掌握二叉树参数的选择与计算方法；
2. 熟练掌握在风险中性条件下期权定价的操作方法。

二、实验说明

在 JR 树中，股价运动过程两项组成，第一项是风险中性的漂移项(drift term)，第二项则是基于简单二叉树波动率(volatility)的波动项。漂移项已由 JR 决定，并且股价上涨和下跌的概率相等，这能够确保在风险中性的世界中股票具有 $r-q$ 的期望回报率。在每一期，价格乘数的期望值是 $\exp[(r-q)\delta t]$，因此上涨与下跌的幅度不再相等。年波动率 σ 是一个标准差，其与期间长度的平方根相乘得到波动项 $\sigma\sqrt{(\delta t)}$。波动项确保每一期对数股票价格的方差为 $\sigma^2 \delta t$，因此在经过 n 期（或时间 T）后，对数股票价格的方差为 $\sigma^2 T$。JR 树的参数可以表示为：

$$\ln u = (r-q-0.5\sigma^2)+\sigma\sqrt{\delta t} \quad 或 \quad u = \exp[(r-q-0.5\sigma^2)\delta t+\sigma\sqrt{\delta t}] \tag{5-1}$$

$$\ln d = (r - q - 0.5\sigma^2) - \sigma\sqrt{\delta t} \quad 或 \quad d = \exp[(r - q - 0.5\sigma^2)\delta t - \sigma\sqrt{\delta t}] \tag{5-2}$$

对于对数股票价格，其上涨或下跌（$\ln u$ 和 $\ln d$）的幅度是一个加数，并构成一个对数股价树。而对于股价树，每一期的变化量都是用乘数因子 u 或 d 来计算。

股价向上运动的次数（用 i 表示，范围从 0 到 9），行号代表期数（用 j 表示，从 0 到 9）。那么，第 j 期第 i 种状态下的股价 $S_{i,j}$ 就等于初始股价 S，乘以相应次数的股价上涨和下跌乘数，例如：$S_{0,0} = S = 100$，在一期后有两种可能的价格变化：$S_{0,1} = dS_{0,0} = 95.55$，$S_{1,1} = uS_{0,0} = 105.00$ 等。因此，在 n 期后：

$$S_{i,n} = u^i d^{n-i} S \tag{5-3}$$

这个公式具有递归性。因此，每一期的新股价仅依赖于前一期的股票价格和价格变化乘数，最终得到股票价格的终值。接着求出看涨期权对应于每个终期价格的收益：

$$V_{i,9} = \max\left[S_{i,9} - X, 0\right], \quad i = 0, 1, \cdots, 9 \tag{5-4}$$

其中，X 是期权的执行价格。

下一步是计算看涨期权收益的期望值，并将其用无风险利率折现。期权收益的期望值是各个收益的加权平均，并用无风险利率折现得到风险中性定价。

三、实验步骤及示例

（一）在 Excel 软件中的实验过程

在该实验中，假设股票的现值 S 为 100，波动率 σ 为 20%（按年计算），期权为欧式看涨期权，执行价为 95，有效期为 0.5 年。还假设股票每年有 3% 的红利，无风险连续复利为 8%（相当于年利率为 8.33%）。由于是 9 期模型，所以每期的时间长度是 0.5/9=0.0566(用 δt 表示)。JR 树中股价上涨和下跌的概率相等，也就是 p =0.5。每一期上涨或下跌的幅度取决于股票价格变化乘数 u 和 d，调整这两个值，直到 n 期后的均值、方差与股价收益的要求值相等，参数设置如图 5-6 所示。

	A	B	C	D	E	F	G	H	I	J	K
1	Option1.XLS										
2	JR European Option Value										
3											
4	Share price (S)			100.00		Jarrow & Rudd				BS	JR
5	Exercise price (X)			95.00							
6	Int rate-cont (r)			8.00%		δt	0.0556	M		4.6202	4.6202
7						erdt	1.0045	V		0.0200	0.0199
8	Dividend yield - cont (q)			3.00%							
9						u	1.0500	M1		102.532	102.531
10	Time now (0, years)			0.00		d	0.9555	M2		10725.1	10724.4
11	Time maturity (T, years)			0.50		p	0.5000				
12	Option life (τ, years)			0.50		p*	0.5000				
13	Volatility (σ)			20.00%							
14											
15	Steps in tree (n)			9		JR value	9.75				
16	iopt			1							
17	option type			Call		BS value	9.73				

图 5-6 JR 二叉树欧式期权参数设置

在 Excel 软件中，计算价格上涨乘数因子 u，在单元格 G9 中输入：
$$= \text{EXP}((D6 - D8 - 0.5 * D13 \wedge 2) * G6 + D13 * \text{SQRT}(G6))$$

二叉树欧式期权包含漂移项和波动项两个部分，如图 5-7 所示。在计算下跌乘数因子 d（在单元格 G10 中）的公式中，波动项前用负号替代上式中的正号。

图 5-7　JR 二叉树欧式期权漂移项和波动项计算

每一期的新股价仅仅依赖于前一期的股票价格和价格变化乘数，这种递归性在 Excel 软件中很容易实现，只需拷贝单元格 C30 中的公式：

=IF($A30<C$20,$G$10*OFFSET(C30,0,-1),IF($A30=C$20,$G$9*OFFSET(C30,1,-1),""))

拷贝 C30 中的公式就可生成余下的树节点（并能扩展为更大的树）。通过观察偶数期的中间单元格（D29，F28，…），可以看到 JR 树中股票价格随时间的漂移，如图 5-8 所示。

图 5-8　JR 二叉树欧式期权股价变动

用公式（5-4）得到看涨期权对应于每个终期价格的收益，计算出的结果在单元格 K49

到 K58 中，其范围从 0 到 60.16。注意，凡是收益大于 0 的，股票价格上涨的次数一定大于或等于 4 次；如果小于 4 次，期权将不会执行，如图 5-9 所示。

	A	B	C	D	E	F	G	H	I	J	K
47	European Option Payoff										
48		0	1	2	3	4	5	6	7	8	9
49	9										60.16
50	8										46.20
51	7										33.49
52	6										21.93
53	5										11.41
54	4										1.84
55	3										0.00
56	2										0.00
57	1										0.00
58	0										0.00

图 5-9　JR 二叉树欧式期权收益计算

下一步是计算看涨期权收益的期望值，并将其用无风险利率折现。因此需要求出看涨期权每一种收益发生的概率，这些概率与前面简单二叉树中的概率一样，在单元格 K35：K44 中，如图 5-10 所示。K44 中期权收益的公式为：

$$=COMBIN(\$D\$15, A44)*\$G\$11\hat{\ }\$D\$15$$

	A	B	C	D	E	F	G	H	I	J	K	L	M	N
32														
33	Nodal Probabilities											via fn		
34		0	1	2	3	4	5	6	7	8	9			0
35	9										0.002		9	
36	8										0.018		8	
37	7										0.070		7	
38	6										0.164		6	
39	5										0.246		5	
40	4										0.246		4	
41	3										0.164		3	
42	2										0.070		2	
43	1										0.018		1	
44	0										=COMBIN($D$15,A44)*$G$11^$D$15			

图 5-10　JR 二叉树欧式期权收益的期望值计算

最后两项给出了任一序列的概率（$1/2^9$），COMBIN 函数给出了每一个看涨期权收益的路径数。于是 10 个终期收益及其相关概率如图 5-11 所示。

	M	N	O	P	Q	R	S	T	U	V	W
	via fn										
		0	1	2	3	4	5	6	7	8	9
	9										0.002
	8									0.004	0.018
	7								0.008	0.031	0.070
	6							0.016	0.055	0.109	0.164
	5						0.031	0.094	0.164	0.219	0.246
	4					0.063	0.156	0.234	0.273	0.273	0.246
	3				0.125	0.250	0.313	0.313	0.273	0.219	0.164
	2			0.250	0.375	0.375	0.313	0.234	0.164	0.109	0.070
	1		0.500	0.500	0.375	0.250	0.156	0.094	0.055	0.031	0.018
	0	1.000	0.500	0.250	0.125	0.063	0.031	0.016	0.008	0.004	0.002

图 5-11　JR 二叉树欧式期权收益的概率分布

期权收益的期望值是各个收益的加权平均，并用无风险利率折现得到风险中性定价。因此，单元格 G15 中折现后期权价格的公式为：

=EXP(-D6*D12)*SUMPRODUCT(K35:K44,K49:K58)

其中，EXP(-D6*D12)是基于 0.5 年无风险利率的折现因子，具体计算数据如图 5-12 和图 5-13 所示。

	A	B	C	D	E	F	G	H	I	J	K
33	Nodal Probabilities										
34			0	1	2	3	4	5	6	7	8	9
35	9										0.002
36	8										0.018
37	7										0.070
38	6										0.164
39	5										0.246
40	4										0.246
41	3										0.164
42	2										0.070
43	1										0.018
44	0										**0.002**
45											
46											
47	European Option Payoff										
48			0	1	2	3	4	5	6	7	8	9
49	9										60.16
50	8										46.20
51	7										33.49
52	6										21.93
53	5										11.41
54	4										1.84
55	3										0.00
56	2										0.00
57	1										0.00
58	0										**0.00**

图 5-12　JR 二叉树欧式期权收益和概率分布

	A	B	C	D	E	F	G	H	I	J	K
1	Option1.XLS										
2	JR European Option Value										
3											
4	Share price (S)			100.00		Jarrow & Rudd				BS	JR
5	Exercise price (X)			95.00							
6	Int rate-cont (r)			8.00%		δt	0.0556	M		4.6202	4.6202
7						erdt	1.0045	V		0.0200	0.0199
8	Dividend yield - cont (q)			3.00%							
9						u	1.0500	M1		102.532	102.531
10	Time now (0, years)			0.00		d	0.9555	M2		10725.1	10724.4
11	Time maturity (T, years)			0.50		p	0.5000				
12	Option life (τ, years)			0.50		p*	0.5000				
13	Volatility (σ)			20.00%							
14											
15	Steps in tree (n)			9		JR value	=EXP(-D6*D12)*SUMPRODUCT(K35:K44,K49:K58)				
16	iopt			1							
17	option type			Call		BS value	9.73				

图 5-13　JR 二叉树欧式期权价值

（二）示例

下面展示一个实验示例，在 RESSET 软件操作环境下，用 JR 二叉树为带红利的欧式看涨期权定价。股票现价为 100，期权执行价格为 95，无风险连续复利为 8%。存续期为 0.5 年，年波动率为 20%，股票每年红利 3%。作为一个简化的二叉树，JR 树中股价上涨和下跌的概率相等，也就是 p =0.5。

1. 参数输入

将以上数据键入到 B12：G12，如图 5-14 所示。

	B	C	D	E	F	G
11	股票现价	期权执行价格	无风险连续复利	有效期	年波动率（标准差度量）	股票每年红利
12	100.00	95.00	8.00%	0.50	20.00%	3.00%

图 5-14 JR 二叉树基本信息

2. 股价变动乘数 u 和 d 的确定

股价变动乘数 u 和 d 的计算公式为：

$$u = \exp[(r-q-0.5\sigma^2)\delta t + \sigma\sqrt{\delta t}] \tag{5-5}$$

$$d = \exp[(r-q-0.5\sigma^2)\delta t - \sigma\sqrt{\delta t}] \tag{5-6}$$

在单元格 E20 输入：

=EXP((D12-G12-0.5*F12^2)*(E12/B20)+F12*SQRT(E12/B20)

根据以上两个公式，在单元格 F20 输入：

=EXP((D12-G12-0.5*F12^2)*(E12/B20)-F12*SQRT(E12/B20))

结果如图 5-15 所示。

	B	C	D	E	F
17	表2 JR二叉树参数				
19	期数	股价上涨概率	股价下跌概率	股票价格变化乘数u	股票价格变化乘数d
20	9	0.50	0.50	1.0500	0.9555

图 5-15 股价变动乘数

3. 股价运动过程

在 D34 中键入：

= IF($B34<D$24,$F$20*OFFSET(D34,0,-1),$E$20*OFFSET(D34,1,-1))

并把上述公式复制到对角线及其下方的单元格，结果如图 5-16 所示。

	C	D	E	F	G	H	I	J	K
24	0	1	2	3	4	5	6	7	8
25									
26									147.77
27								140.73	134.47
28							134.02	128.07	122.37
29						127.64	121.96	116.54	111.36
30					121.56	116.15	110.99	106.06	101.34
31				115.77	110.62	105.70	101.01	96.51	92.22
32			110.25	105.35	100.67	96.19	91.92	87.83	83.93
33		105.00	100.33	95.87	91.61	87.54	83.65	79.93	76.38
34	100.00	95.55	91.31	87.25	83.37	79.66	76.12	72.74	69.50

图 5-16 股价运动过程

4. 计算期权到期收益

在 L39 中输入：

= IF($H$12=1,MAX(L25-$C$12,0),MAX($C$12-L25,0))

并把上述公式复制到 L40：L48 中，结果如图 5-17 所示。

5. 计算期权终值收益概率

在 C53 中输入：=COMBIN($B$20,B39)，并把上述公式复制到 C54：C62，结果如图 5-18

所示。

在 D53 中输入：=C53*$C$20^$B$20，并把上述公式复制到 D54:D62，结果如图 5-18 所示。

	C	D	E	F	G	H	I	J	K	L
38	0	1	2	3	4	5	6	7	8	9
39										60.16
40										46.20
41										33.49
42										21.93
43										11.41
44										1.84
45										0.00
46										0.00
47										0.00
48										0.00

图 5-17　期权到期收益

	B	C	D
52	期权收益	路径	概率
53	60.16	1	0.00
54	46.20	9	0.02
55	33.49	36	0.07
56	21.93	84	0.16
57	11.41	126	0.25
58	1.84	126	0.25
59	0.00	84	0.16
60	0.00	36	0.07
61	0.00	9	0.02
62	0.00	1	0.00

图 5-18　期权终值收益概率分布

6. 计算期权价格

在 B66 中输入：=EXP(-E12*D12)*SUMPRODUCT(B53:B62,D53:D62)，结果如图 5-19 所示。

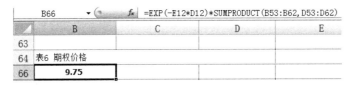

图 5-19　期权价格计算

实验三　CRR 树欧式期权设计

一、实验目的与要求

本模型用考克斯、罗斯和鲁宾斯坦（CRR）提出的参数来构造一个 9 期二叉树，并用来为期权定价。首先，用一个股票价格树确定股票的终值，然后计算期权的价值，最后对期权的期望收益折现得到现值，进而对欧式期权进行定价。

该实验要求如下：

1. 学会 CRR 二叉树参数的确定；
2. 理解 CRR 二叉树模拟股价运动的过程；
3. 掌握期权到期收益和终值收益概率的计算；
4. 掌握期权价格的计算。

二、实验说明

（一）二叉树模型结构

对于多时段二叉树模型，在 $i\Delta t$ 时刻，证券价格有 $i+1$ 种可能，它们可用符号表示为 $Su^j d^{i-j}$，其中 $j=0,1,\cdots,i$。应用多时段二叉树模型来表示证券价格变化的树型结构如图 5-20 所示。

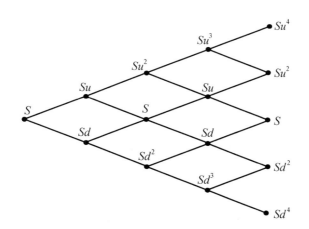

图 5-20 多时段二叉树模型证券价格变化

（二）二叉树模型中参数的确定

二叉树模型中将应用以下参数：

$$p = \frac{e^{r\Delta t} - d}{u - d}, \quad u = e^{\sigma\sqrt{\Delta t}}, \quad d = e^{-\sigma\sqrt{\Delta t}}$$

（三）无收益欧式期权二叉树模型定价公式

1. 对于有收益欧式看涨期权，节点 (i,j) 的期权价值 $f_{i,j}$ 为：

$$f_{i,j} = e^{-r\Delta t}[pf_{i+1,j+1} + (1-p)f_{i+1,j}], \quad \text{其中 } 0 \leq i \leq N-1, \ 0 \leq j \leq i \quad (5-7)$$

最后一列节点 (N,j) 的期权价值 $f_{N,j}$ 为：

$$f_{N,j} = \max(Su^j d^{N-j} - X, 0), \quad 其中 j = 0, 1, \cdots, N \tag{5-8}$$

2. 对于无收益欧式看跌期权，节点 (i, j) 的期权价值 $f_{i,j}$ 为：

$$f_{i,j} = e^{-r\Delta t}[pf_{i+1,j+1} + (1-p)f_{i+1,j}], \quad 其中 0 \leqslant i \leqslant N-1, \quad 0 \leqslant j \leqslant i \tag{5-9}$$

最后一列节点 (N, j) 的期权价值 $f_{N,j}$ 为：

$$f_{N,j} = \max(X - Su^j d^{N-j}, 0), \quad 其中 j = 0, 1, \cdots, N \tag{5-10}$$

三、实验步骤及示例

计算一个有分红的欧式看涨期权价格。股票现价为100，执行价格为95，无风险连续复利8%，年波动率为20%，期权存续时间为0.5。利用 CRR 模型确定期权的价格，在 Excel 软件中的实验步骤如下。

（一）输入初始值

在 Excel 的单元格 B12：I12 中分别输入"股票现价""期权执行价格""无风险连续复利""有效期""年波动率（标准差度量）""股票每年红利""期权类型代码"和"期权类型"。其中将期限为6个月的欧式期权的到期日化转为以年为单位，即为6/12=0.5年，并且示例中的标的资产考虑红利，红利为3%。因此，根据题目给出的要求，在对应的单元格 B12：I12 中分别输入初始值，如图5-21所示。

	B	C	D	E	F	G	H	I
11	股票现价	期权执行价格	无风险连续复利	有效期	年波动率（标准差度量）	股票每年红利	期权类型代码	期权类型
12	100.00	95.00	8.00%	0.50	20.00%	3.00%	1	看涨期权

图5-21 欧式期权基本信息

（二）参数确定

假定使用9期的二叉树来计算期权价格，接下来根据公式 $u = e^{\sigma\sqrt{\Delta t}}$ 和 $d = e^{-\sigma\sqrt{\Delta t}}$ 来计算二叉树中的上行和下行的幅度，即 u 和 d 的值。同时再根据公式 $p = \dfrac{e^{r\Delta t} - d}{u - d}$ 计算其风险中性概率。利用 Excel 软件来计算，可以先在单元格 C20：F20 分别输入 u、d 和 p，并在对应的单元格中 C20：F20 中分别输入公式。单元格 C20 公式为：

=(EXP((D12-G12)*(E12/B20))-F20)/(E20-F20)，D20 公式为=1-C20，如图5-22所示。

图5-22 二叉树上行和下行的幅度

E20 中输入的公式为=EXP(F12*SQRT(E12/B20))，在 F20 输入公式=1/E20，如图5-23所示。

E20 =EXP(F12*SQRT(E12/B20))

	C	D	E	F
19	股价上涨概率	股价下跌概率	股票价格变化乘数u	股票价格变化乘数d
20	0.52	0.48	1.0483	0.9540

图 5-23 股票价格变化乘数

最后，得到输出结果：u 值为 1.0483，d 值为 0.9540，p 值为 0.52。

（三）CRR 树股价变化过程在 Excel 软件中的实现

运用二叉树模型生成每个节点的股票价格。首先，将当前的股票价格输入到单元格 C34 中，股票价格上涨是股票市场初始价格乘以 u 。同理，当股票下降，其股票价格应该为初始价格乘以 d 。股票价格上升将沿着对角线方向移动，价格的下降将沿着特定的行向右移动。价格单元格的相对位置由 OFFSET 函数来处理。单元格 D34 的公式为：

=IF($B34<D$24,$F$20*OFFSET(D34,0,-1),$E$20*OFFSET(D34,1,-1))

在条件表达式之后，第一个表达式表示如果价格下跌，将下降为距它最近的左单元格的（同一行中）d 倍（在单元格 F20 中，d 为 0.9540），如果价格上涨，那么将上升为其相邻左下对角线单元格的值的 u 倍（在单元格 E20 中，u 为 1.0483）。OFFSET 函数指向相对位移的（先沿行，后沿列）的单元格。将上述公式复制到对角线以下的单元格即可。股价运动过程如图 5-24 所示。

D34 =IF($B34<D$24,$F$20*OFFSET(D34,0,-1),$E$20*OFFSET(D34,1,-1))

	B	C	D	E	F	G	H	I	J	K	L
23	表3 CRR树模拟股价运动过程										
24		0	1	2	3	4	5	6	7	8	9
25	9										152.85
26	8									145.81	139.09
27	7								139.09	132.69	126.58
28	6							132.69	126.58	120.75	115.19
29	5						126.58	120.75	115.19	109.89	104.83
30	4					120.75	115.19	109.89	104.83	100.00	95.40
31	3				115.19	109.89	104.83	100.00	95.40	91.00	86.81
32	2			109.89	104.83	100.00	95.40	91.00	86.81	82.81	79.00
33	1		104.83	100.00	95.40	91.00	86.81	82.81	79.00	75.36	71.89
34	0	100.00	95.40	91.00	86.81	82.81	79.00	75.36	71.89	68.58	65.43

图 5-24 股价运动过程

（四）期权到期收益在 Excel 软件中的实现

由于讨论的是欧式期权，因此仅仅需要关注股价的终值，即在 L 列中的数值，可以用公式 5-4（即 $V_{i,9}=\max\left[S_{i,9}-X,0\right]$，$i=0,1,\cdots,9$）得到看涨期权对应的每个终期价格的收益，如图 5-25 所示。将计算结果放在 L39 到 L48 中，其范围从 0 到 57.85。注意，凡是收益大于 0 的，股票价格上涨的次数一定大于或等于 4 次；如果小于 4 次，期权将不会执行。在 L39 中输入公式：

=IF($H$12=1,MAX(L25-$C$12,0),MAX($C$12-L25,0))

并将上述公式复制到 L40：L48，得到期权到期收益，如图 5-25 所示。

（五）期权终值收益概率在 Excel 软件中的实现

将看涨期权每一种收益发生的概率放在单元格 D53：D62 中，COMBIN 函数给出了每一个看涨期权收益的路径数。

在 C53 中输入=COMBIN($B$20,B39)，并把上述公式复制到 C54：C62。

在 D53 中输入=C53*$C$20^B39*$D$20^($B$20-B39)，并把上述公式复制到 D54：D62。得到期权收益概率，如图 5-26 所示。

	B	C	D	E	F	G	H	I	J	K	L
36	表4 期权到期收益										
38		0	1	2	3	4	5	6	7	8	9
39	9										57.85
40	8										44.09
41	7										31.58
42	6										20.19
43	5										9.83
44	4										0.40
45	3										0.00
46	2										0.00
47	1										0.00
48	0										0.00

图 5-25 期权收益

	B	C	D
50	表5 期权终值收益概率		
52	期权收益	路径	概率
53	57.85	1	0.00
54	44.09	9	0.02
55	31.58	36	0.08
56	20.19	84	0.18
57	9.83	126	0.25
58	0.40	126	0.24
59	0.00	84	0.15
60	0.00	36	0.06
61	0.00	9	0.01
62	0.00	1	0.00

图 5-26 期权收益概率分布

（六）期权价格在 Excel 软件中的实现

期权收益的期望值是各个收益的加权平均，是用无风险利率折现得到风险中性定价。因此，单元格 B66 中折现后期权价格的公式为：

=EXP(-E12*D12)*SUMPRODUCT(B53:B62,D53:D62)

其中，无风险利率的折现因子为 EXP(-E12*D12)。在 B66 中输入上述公式，计算结果如图 5-27 所示。

	B	C	D	E
64	表6 期权价格			
66	9.63			

B66 fx =EXP(-E12*D12)*SUMPRODUCT(B53:B62,D53:D62)

图 5-27 期权价格计算结果

实验四 布莱克-舒尔斯欧式期权设计

一、实验目的与要求

欧式期权可以由布莱克-舒尔斯（Black-Scholes）公式直接计算（公式详细介绍参见本书第 129 页）。本实验旨在于使学生理解并掌握布莱克-舒尔斯公式，并学会在 Excel 软件环境下利用布莱克-舒尔斯公式对欧式期权进行定价。

该实验要求如下：

1. 理解随机过程的基本概念；
2. 掌握并熟练应用布莱克-舒尔斯公式对欧式期权定价；
3. 掌握有无红利支付情况下布莱克-舒尔斯公式的变化。

二、实验说明

布莱克-舒尔斯公式可以直接为欧式期权定价（欧式期权的特点是仅能在到期日执行），也可以为其他一些期权定价。假定期权标的股票对数收益服从正态分布，且期权（标的股票的即期价格为 S）是一个看涨期权，期限为 T，只有在到期日才能执行，执行价格为 X。那么，在 T 时刻，期权的收益为：

$$\max(S_T - X, 0)$$

其中，S_T 是标的股票在 T 时刻的价格，是一个服从某种概率分布的随机变量。

通常可以将股票价格的运动看成是一个随机过程，或者更准确地说，是几何布朗运动。使用数学语言，随机变量 S_T 可以写成如下形式：

$$S_T = S\exp(Y_T) = S\exp(\mu_T - \varepsilon\sigma_T) \tag{5-11}$$

这里，随机变量 Y_T 服从正态分布，而变量 ε 则服从标准正态分布（均值为 0，标准差为 1）。Y_T 的均值为 μ_T，标准差为 σ_T，并且有：

$$\mu_T = (\mu - 0.5\sigma^2)T，\text{其中 } \sigma_T = \sigma\sqrt{T}$$

其中，μ 是股票的期望收益，σ 是股票的年波动率。由于 Y_T 等于 $\ln(S_T/S)$，则 $\ln(S_T/S)$ 同样服从正态分布，即股票的对数收益服从正态分布。

在布莱克-舒尔斯分析方法中，看涨期权可以与一定数量的标的股票构成完全对冲的无风险组合，因此，这个组合的收益必须等于无风险收益。用一个偏微分方程（应用数学中常见的热扩散方程）表示，该方程的解就是布莱克-舒尔斯公式。

欧式看涨期权（不支付红利）的布莱克-舒尔斯定价公式为：

$$c = SN(d_1) - X\exp(-rT)N(d_2) \tag{5-12}$$

其中，S 为股票的即期价格，X 为期权在 T 时刻的执行价，r 为复利计算的无风险利率，因此，表达式 $\exp(-rT)$ 为 T 时段的无风险折现因子，$N(d)$ 为 d 的累积标准正态分布函数。这里，d_1 和 d_2 可以表示为：

$$d_1 = [\ln(S/X) + (r + 0.5\sigma^2)]/\sigma\sqrt{T}$$

$$d_2 = [\ln(S/X) + (r - 0.5\sigma^2)]/\sigma\sqrt{T}$$

如果有红利收益的股票在时间段 T 内从初始价格 S 增长到 S_T，那么对于无红利股票，就应该从 S 增长到 $S_T \exp(qT)$，也可以说，从 $S\exp(-qT)$ 增长到 S_T。因此，S_T 的概率分布可以适用于以下两种情况：

（1）初始价格为 S，并有 q 的连续红利收益；

（2）初始价格为 $S\exp(-qT)$，但没有红利收益。

因此，如果一个欧式期权的标的股票以连续收益率 q 来支付红利，那么在为其定价时，可以用 $S\exp(-qT)$ 代替原来的初试值 S，然后将该股票看作不支付红利的股票。

于是，对一个支付红利的欧式看涨期权来说，其布莱克-舒尔斯公式为：

$$c = S\exp(-qT)N(d_1) - X\exp(-rT)N(d_2) \tag{5-13}$$

其中，q 是连续红利收益率，$N(d)$ 是累积的标准正态分布函数，并有：

$$d_1 = [\ln(S/X) + (r - q + 0.5\sigma^2)]/\sigma\sqrt{T}$$

$$d_2 = [\ln(S/X) + (r - q - 0.5\sigma^2)]/\sigma\sqrt{T}$$

为了便于解释布莱克-舒尔斯公式各项内容的意义，可以联想到看涨期权的复制组合形式，$c = hs - B$。布莱克-舒尔斯公式的第一项是 S 与乘数（也就是"对冲比率"）之比，等于 $S\exp(-qT)N(d_1)$，第二项则是执行价格的现值与 $N(d_2)$ 的乘积。因此，$N(d_2)$ 可以看成是在风险中性世界里看涨期权被执行的概率。

利用期权平价关系，看跌期权在支付连续红利情况下的布莱克-舒尔斯定价公式为：

$$p = -S\exp(-qT)N(-d_1) + X\exp(-rT)N(-d_2) \tag{5-14}$$

可以写成如下形式：

$$p = -[S\exp(-qT)N(-d_1) - X\exp(-rT)N(-d_2)] \tag{5-15}$$

如果没有公式前的负号以及累积正态分布函数内的负号，该式与看涨期权定价公式完全一致。

三、实验步骤及示例

利用布莱克-舒尔斯公式对欧式期权定价。股票现价 $S=100$，执行价格 $X=105$，无风险连续复利为 10%，红利 $q=1\%$，期权时间 $T=1$，波动率 $\sigma=1\%$，如图 5-28 所示。分别求出欧式期权的看涨期权 Call 和看跌期权 Put。

股票现价	期权执行价格	无风险连续复利	有效期	年波动率（标准差度量）	股票每年红利	期权类型代码	期权类型
100.00	105.00	10.00%	1.00	1.00%	1.00%	1	看涨期权

图 5-28 欧式期权的基本信息

（一）计算累积正态分布概率，确定参数

1. 可以利用 Excel 的 NORMSDIST 函数直接得到得出 d_1 和 d_2，进而就可以计算相应的 $N(d_1)$ 和 $N(d_2)$。d_1 和 d_2 的计算公式分别为：

$$d_1 = [\ln(S/X) + (r - q + 0.5\sigma^2)]\big/\sigma\sqrt{T}$$

$$d_2 = [\ln(S/X) + (r - q - 0.5\sigma^2)]\big/\sigma\sqrt{T}$$

在 B20 中键入：=(LN(B12/C12)+(D12-G12+0.5*F12^2)*E12)/(F12*SQRT(E12))，如图 5-29 所示。

B20　fx =(LN(B12/C12)+(D12-G12+0.5*F12^2)*E12)/(F12*SQRT(E12))

	B	C	D	E	F
17	表2 BS公式参数				
19	d1	d2	N(d1)	N(d2)	exp(-rT)
20	4.1260	4.1160	1.0000	1.0000	0.9048

图 5-29　布莱克-舒尔斯公式中参数 d_1 的计算

在 C20 中键入：=(LN(B12/C12)+(D12-G12-0.5*F12^2)*E12)/(F12*SQRT(E12))，如图 5-30 所示。

C20　fx =(LN(B12/C12)+(D12-G12-0.5*F12^2)*E12)/(F12*SQRT(E12))

	B	C	D	E	F
17	表2 BS公式参数				
19	d1	d2	N(d1)	N(d2)	exp(-rT)
20	4.1260	4.1160	1.0000	1.0000	0.9048

图 5-30　布莱克-舒尔斯公式中参数 d_2 的计算

2. 根据 d_1 和 d_2 的计算结果，利用 NORMSDIST 函数计算相应的 $N(d_1)$ 和 $N(d_2)$。

在 D20 中键入：=NORMSDIST（B20），如图 5-31 所示。

D20　fx =NORMSDIST(B20)

	B	C	D
17	表2 BS公式参数		
19	d1	d2	N(d1)
20	4.1260	4.1160	1.0000

图 5-31　布莱克-舒尔斯公式中参数 $N(d_1)$的计算

在 E20 中键入：=NORMSDIST（C20），如图 5-32 所示。

E20　fx =NORMSDIST(C20)

	B	C	D	E
17	表2 BS公式参数			
19	d1	d2	N(d1)	N(d2)
20	4.1260	4.1160	1.0000	1.0000

图 5-32　布莱克-舒尔斯公式中参数 $N(d_2)$的计算

3. 计算折现因子。

在 F20 中输入：=EXP(-D12*E12)，如图 5-33 所示。

F20 =EXP(-D12*E12)

	B	C	D	E	F
17	表2 BS公式参数				
19	d1	d2	N(d1)	N(d2)	exp(-rT)
20	4.1260	4.1160	1.0000	1.0000	0.9048

图 5-33　布莱克-舒尔斯公式中参数折现因子 exp(-rT)的计算

在 G20 中输入：=EXP(-G12*E12)，如图 5-34 所示。

G20 =EXP(-G12*E12)

	B	C	D	E	F	G
17	表2 BS公式参数					
19	d1	d2	N(d1)	N(d2)	exp(-rT)	exp(-qT)
20	4.1260	4.1160	1.0000	1.0000	0.9048	0.9900

图 5-34　布莱克-舒尔斯公式中参数折现因子 exp(-qT)的计算

（二）考虑计算期权价格

支付连续红利的情况下，欧式看涨期权的布莱克-舒尔斯公式为：

$$c = S\exp(-qT)N(d_1) - X\exp(-rT)N(d_2) \qquad (5\text{-}16)$$

支付连续红利的情况下，欧式看跌期权的布莱克-舒尔斯公式为：

$$p = -S\exp(-qT)N(-d_1) + X\exp(-rT)N(-d_2) \qquad (5\text{-}17)$$

可以利用 IF 函数，根据期权类型代码选择，当赋值为 1 时，执行第一个计算公式计算看涨期权价格。赋值为 2 时，执行看跌期权的计算公式。则在 B24 中输入：=IF(H12=1,B12*G20*D20-C12*F20*E20,-(B12*G20*(1-D20)-C12*F20*(1-E20)))，执行结果如图 5-35 所示。

B24 {=IF(H12=1,B12*G20*D20-C12*F20*E20,-(B12*G20*(1-D20)-C12*F20*(1-E20)))}

	B	C	D	E	F	G
22	表3 期权价格					
24	4.00					

图 5-35　布莱克-舒尔斯公式中期权价格的计算

本章参考文献

[1] 宋逢明. 金融工程原理:无套利均衡分析[M]. 北京：清华大学出版社, 1999. 10.

[2] 博迪，凯恩，马库斯. 投资学[M]. 汪昌云，张永翼等译. 北京：机械工业出版社, 2012. 7.

[3] 郑振龙，陈蓉. 金融工程[M]. 北京：高等教育出版社, 2012. 6.

[4] 吴恒煜，赵平. 期权定价公式的二叉树推导与分析[J]. 中国证券期货, 2009(02).

[5] 程度晴，杨琴. 布莱克-舒尔斯期权定价模型分析[J]. 时代金融, 2008(12).

[6] 约瑟夫 · 斯坦普夫里，维克多 · 古德曼. 金融数学：衍生产品定价引论[M]. 蔡明超译. 北京：机械工业出版社, 2004. 9.

[7] Cox J C, Ross S A and Rubinstein M. Option Pricing: A Simplified Approach[J]. Journal of Finacial Economics, 1979, 7: 229-263.

[8] Black F and Scholes M. The Pricing of Options and Corporate Liabilities[J]. Journal of Political Economy, 1973(81): 637-659.

第六章 美式期权模拟设计

【本章导读】

本章主要介绍在 Excel 的操作环境下对美式期权进行模拟设计。通过本章的学习,学生应该能够:

1. 理解美式期权与欧式期权的定价方法的不同之处;
2. 掌握运用二叉树模型对美式期权定价的方法;
3. 掌握应用布莱克-舒尔斯公式对有股息的美式看涨期权定价的方法。

实验一 二叉树美式期权设计

一、实验目的与要求

二叉树定价模型不仅可以处理在到期日执行的情况,也可以处理在中间节点提前执行的情况,因此,该模型是美式期权定价的重要数值方法。本实验主要演示二叉树美式期权的定价方法,使学生加深对二叉树美式期权定价的核心理论的理解,并能熟练应用二叉树对美式期权进行定价。

该实验要求如下:

1. 理解美式期权与欧式期权定价方法的不同;
2. 熟练掌握美式期权的二叉树定价方法。

二、实验说明

对于美式期权来说,能够被提前执行常常会增加期权的价值。CRR 树既可以为欧式期权(不能提前执行)定价,也可以为美式期权(可以提前执行)定价。在该方法中,首先将期限分为许多很小的时间区间,每个长度为 Δt。在每一个时间段里股票价格有两种可能变化,S 上涨为价格 Su 或下跌为 Sd。一般 $u>1, d<1$。上涨的概率为 p,下跌的概率为 $1-p$。

（一）风险中性定义

对期权定价是在风险中性的环境下进行。风险中性定义：假定所有交易证券的收益率期望均为无风险利率，计算衍生品收益的期望值，并以无风险利率贴现来对衍生品定价。

（二）CRR 树模型

CRR 树模型将用到以下公式：

$$p = \frac{e^{r\Delta t} - d}{u - d}; \quad u = e^{\sigma\sqrt{\Delta t}}; \quad d = e^{-\sigma\sqrt{\Delta t}}$$

在有资本收益的情况下：

$$p = \frac{e^{(r-q)\Delta t} - d}{u - d}$$

（三）资产价格变动模型

在利用二叉树方法时，如图 6-1 所示，展示了资产价格树形结构的完整结构。

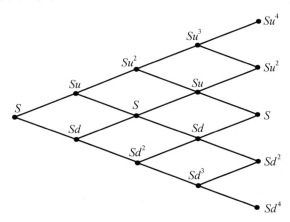

图 6-1 多时段资产价格变动

在时间 0，价格 S 为已知。在 Δt 时刻，价格的两种可能值为 Su，Sd。在时刻 $2\Delta t$，价格有三种可能值，分别为 Su^2，S，Sd^2；依次类推。在一般情况下，在 $i\Delta t$，价格有 $i+1$ 种可能，分别是：

$$Su^j d^{i-j}, \quad j = 0,1,\cdots,i$$

在每个节点计算资产价格时，价格变动因子 u 和 d 的关系为 $u = 1/d$。

（四）树形倒推计算期权价格

通过在时间 T 的期权价格，可以根据反向归纳的方式对期权定价。期权价格在 T 时刻已知，看跌期权价格为 $\max(K - S_T, 0)$，看涨期权价格为 $\max(S_T - K, 0)$。其中 S_T 为股票 T 时刻的价格，K 为执行价格。因为风险中性假定，在 $T-\Delta t$ 时刻每一个节点上的期权价值等于将 T 时刻期权价值的期望值以无风险利率 r 在时间 Δt 上进行贴现。有股票红利的情况下，在 $T-\Delta t$ 时刻每一个节点上的期权价值等于将 T 时刻期权价值的期望值以 $r-q$ 在时间 Δt 上进行贴现。在 $T-2\Delta t$ 时刻每一个节点上的期权价值可以将 $T-\Delta t$ 时刻的期权价值以无风险利率进行贴现来求得，依次类推。美式期权的情况下，在二叉树每个节点上需要检验在这一节点行使期权是否比在下一个时间区间后持有期权更有利。最后，以倒推的形式走过所有节点，可以得出期权 0 时刻的价格。

（五）代数表达式

假定将一个美式期权的时间期限分成 N 个长度为 Δt 的时间区间。将在时间 $i\Delta t$ 的第 j 个节点称为 (i,j) 节点，其中 $0\leq i\leq N$，$0\leq j\leq i$。令 $f_{i,j}$ 为期权价格在 (i,j) 节点上的价值，股票在 (i,j) 节点上的价格为 $Su^j d^{i-j}$。因此，期权的代数表达式推导如下：

无红利的美式看跌期权：

到期日期权价格为 $\max(K-S_T,0)$，有 $f_{N,j}=\max(k-S_0 u^j d^{N-j},0)$。在 $i\Delta t$ 时刻从 (i,j) 节点移动到 $(i+1)\Delta t$ 时刻的 $(i+1,j+1)$ 节点的概率为 p；在 $i\Delta t$ 时刻从 (i,j) 节点移动到 $(i+1)\Delta t$ 时刻的 $(i+1,j)$ 节点的概率为 $1-p$。假定风险中性定价原理，对于 $0\leq i\leq N-1$ 和 $0\leq j\leq i$，有：

$$f_{i,j}=\mathrm{e}^{-rt}[pf_{i+1,j+1}+(1-p)f_{i+1,j}] \tag{6-1}$$

在考虑提前执行的情况，$f_{i,j}$ 必须与期权的内涵价值进行比较，因此得出：

$$f_{i,j}=\max(K-Su^j d^{i-j},\mathrm{e}^{-rt}[pf_{i+1,j+1}+(1-p)f_{i+1,j}]) \tag{6-2}$$

同理，有红利的美式看跌期权代数表达式：

$$f_{i,j}=\max(K-Su^j d^{i-j},\mathrm{e}^{-(r-q)t}[pf_{i+1,j+1}+(1-p)f_{i+1,j}]) \tag{6-3}$$

有红利的美式看涨期权代数表达式：

$$f_{i,j}=\max(Su^j d^{i-j}-K,\mathrm{e}^{-(r-q)t}[pf_{i+1,j+1}+(1-p)f_{i+1,j}]) \tag{6-4}$$

三、实验步骤及示例

利用 CRR 树计算一个有红利的美式看涨期权价格。股票现价为 100，执行价格为 95，无风险连续复利 8%，期权存续时间为 0.5，年波动率为 20%。利用 CRR 模型确定期权的价格，在 Excel 中创建美式期权表单模型，步骤如下：

（一）输入初始值

在 Excel 的单元格（B12：I12）中分别输入"股票现价""期权执行价格""无风险连续复利""有效期""年波动率（标准差度量）""股票每年红利""期权类型代码"和"期权类型"。其中将期限为 6 个月的欧式期权的到期日化为以年为单位，即 6/12=0.5 年，标的资产的红利为 3%。根据题目给出的要求，在对应的单元格（B12：I12）中分别输入初始值。如

图 6-2 所示。

	B	C	D	E	F	G	H	I
5	说明							
6	1. 该表用CRR二叉树为美式期权定价。							
7	2. 黑色字体标识数据为用户输入数据，蓝色字体为计算所得数据。							
8								
9	表1期权基本信息							
11	股票现价	期权执行价格	无风险连续复利	有效期	年波动率（标准差度量）	股票每年红利	期权类型代码	期权类型
12	100.00	95.00	8.00%	0.50	20.00%	3.00%	1	看涨期权

图 6-2　美式期权的基本信息

（二）确定参数

假定使用 9 期的二叉树来计算期权价格，接下来可以根据公式 $u = e^{\sigma\sqrt{\Delta t}}$ 和 $d = e^{-\sigma\sqrt{\Delta t}}$ 来计算二叉树中的上行和下行的幅度，即 u 和 d 的值。然后再根据公式 $p = \dfrac{e^{(r-q)\Delta t} - d}{u - d}$ 计算其风险中性概率。利用 Excel 软件进行计算，先在单元格（C20：F20）分别输入 u、d 和 p，并在对应的单元格中（C20：F20）中分别输入公式。

单元格 C20 公式为=(EXP((D12-G12)*(E12/B20))-F20)/(E20-F20), D20 公式为=1-C20；

E20 中输入公式为=EXP(F12*SQRT(E12/B20))；

在 F20 中输入公式=1/E20。

计算结果如图 6-3 所示。

	B	C	D	E	F
17	表2 CRR二叉树参数				
19	期数	股价上涨概率	股价下跌概率	股票价格变化乘数u	股票价格变化乘数d
20	9	0.52	0.48	1.0483	0.9540

图 6-3　二叉树上行和下行的幅度

（三）CRR 树股价变化过程在 Excel 软件中的实现

利用二叉树模型生成每个节点的股票价格。首先，将当前的股票价格输入单元格 C34 中，股票价格上涨则以股票市场初始价格乘以 u；同理，当股票下降，其股票价格应变为初始价格乘以 d。股票价格上升将沿着对角线方向移动，价格的下降将沿特定的行向左移动。价格单元格的相对位置变动由 OFFSET 函数来处理。单元格 D34 的公式为：

=IF($B34<D$24,$F$20*OFFSET(D34,0,-1),$E$20*OFFSET(D34,1,-1))

在条件表达式之后，第一个表达式表示，如果价格下跌，将下降为最近的左单元格（同一行中）d 倍（在单元格 F20 中，d 为 0.9540）；第二个表达式表示如果价格上涨，那么将上升为其相邻左下对角线上值的 u 倍（在单元格 E20，u 为 1.0483）。OFFSET 函数指向相对位移的（先沿行，后沿列）的单元格。将上述公式复制到对角线以下的单元格即可。股价运动过程如图 6-4 所示。

	B	C	D	E	F	G	H	I	J	K	L
23	表3 CRR树模拟股价运动过程										
24		0	1	2	3	4	5	6	7	8	9
25	9										152.85
26	8									145.81	139.09
27	7								139.09	132.69	126.58
28	6							132.69	126.58	120.75	115.19
29	5						126.58	120.75	115.19	109.89	104.83
30	4					120.75	115.19	109.89	104.83	100.00	95.40
31	3				115.19	109.89	104.83	100.00	95.40	91.00	86.81
32	2			109.89	104.83	100.00	95.40	91.00	86.81	82.81	79.00
33	1		104.83	100.00	95.40	91.00	86.81	82.81	79.00	75.36	71.89
34	0	100.00	95.40	91.00	86.81	82.81	79.00	75.36	71.89	68.58	65.43

图 6-4 股价运动过程

（四）期权到期收益在 Excel 软件中的实现

为了给美式期权定价，不仅需要知道在第九期执行时的收益，还需要知道中间任何一个阶段的期权收益。可以用终期的期权收益（L 列），看涨期权到期时时间价值为 $\max(S_T - K, 0)$，在 L39 输入公式：

=IF($H$12=1,MAX(L25-$C$12,0),MAX($C$12-L25,0)))

并将其复制到单元格（L39：L48），每个终期价格收益为：

$$V_{i,9} = \max(S_{i,9} - X, 0)，i = 0,1,\cdots,9$$

对每列重复上述操作，计算结果如图 6-5 所示。

	B	C	D	E	F	G	H	I	J	K	L
23	表3 CRR树模拟股价运动过程										
24		0	1	2	3	4	5	6	7	8	9
25	9										152.85
26	8									145.81	139.09
27	7								139.09	132.69	126.58
28	6							132.69	126.58	120.75	115.19
29	5						126.58	120.75	115.19	109.89	104.83
30	4					120.75	115.19	109.89	104.83	100.00	95.40
31	3				115.19	109.89	104.83	100.00	95.40	91.00	86.81
32	2			109.89	104.83	100.00	95.40	91.00	86.81	82.81	79.00
33	1		104.83	100.00	95.40	91.00	86.81	82.81	79.00	75.36	71.89
34	0	100.00	95.40	91.00	86.81	82.81	79.00	75.36	71.89	68.58	65.43

图 6-5 期权收益计算

（五）期权价格的倒推过程

期权收益的期望值是各个收益的加权平均，并用无风险利率折现得到风险中性定价，将期权价格 $f_{i,j}$ 与内涵价值比较。根据美式期权在每个节点的代数表达式，在 K55 中输入公式：

=IF($B55<=K$53,MAX（（$C$20*L54+$D$20*L55)/EXP($C$12/$B$20),K40,"")

将上述公式复制到各列，结果如图 6-6 所示。

	B	C	D	E	F	G	H	I	J	K	L
51	表5 美式期权价值倒推过程										
53		0	1	2	3	4	5	6	7	8	9
54	9										57.85
55	8									50.99	44.09
56	7								44.47	37.89	31.58
57	6							38.29	32.00	25.97	20.19
58	5						32.41	26.41	20.65	15.13	9.83
59	4					26.84	21.10	15.60	10.32	5.25	0.40
60	3				21.65	16.27	11.24	6.67	2.81	0.20	0.00
61	2			16.98	12.13	7.79	4.15	1.50	0.11	0.00	0.00
62	1		12.96	8.76	5.23	2.52	0.80	0.05	0.00	0.00	0.00
63	0	9.63	6.15	3.42	1.50	0.42	0.03	0.00	0.00	0.00	0.00

图 6-6 期权价值倒推过程

美式期权价格为 9.63，结果如图 6-7 所示。

图 6-7 期权价格计算结果

实验二 布莱克-舒尔斯美式期权设计

一、实验目的与要求

欧式期权不可以提前执行，可以由布莱克-舒尔斯公式直接计算。当标的资产无收益时，美式看涨期权提前执行是不合理的，所以无收益资产美式看涨期权等同于到期执行的欧式看涨期权，可以用布莱克-舒尔斯公式直接计算。当标的资产有收益时，美式看涨期权就有提前执行的可能，本节重点讨论布莱克-舒尔斯公式在美式期权中的应用，帮助学生学会在 Excel 软件环境下利用布莱克-舒尔斯公式对美式看涨期权进行定价。由于美式看涨期权与看跌期权之间不存在严密的平价关系，因此美式看跌期权的定价并没有一个精确的公式，在此不做讨论。

该实验要求如下：
1. 学会并理解对股票参数的确定；
2. 理解布莱克-舒尔斯公式的性质；
3. 掌握熟练应用布莱克-舒尔斯公式对有股息的美式看涨期权定价的方法。

二、实验说明

（一）模型介绍

布莱克-舒尔斯模型（Black-Scholes Model），简称 BS 模型，是一种为期权或权证等金融衍生工具定价的数学模型，由美国经济学家迈伦·舒尔斯（Myron Scholes）与费雪·布莱克（Fischer Black）首先提出，并由罗伯特·默顿（Robert C. Merton）完善。

BS 模型有如下 5 个重要假设：
1. 金融资产价格服从对数正态分布，而金融资产收益率服从正态分布；
2. 在期权有效期内，无风险利率和金融资产收益变量是恒定的；
3. 市场无摩擦，即不存在税收和交易成本；
4. 金融资产在期权有效期内无红利及其他所得（该假设后被放弃）；
5. 该期权是欧式期权，即在期权到期前不可实施。

布莱克-舒尔斯定价公式如下：

对于一个无股息股票的看涨与看跌期权，它们在 0 时刻的布莱克-舒尔斯定价公式为：

$$c = S_0 N(d_1) - K e^{-rT} N(d_2) \tag{6-5}$$

$$p = K e^{-rT} N(-d_2) - S_0 N(-d_1) \tag{6-6}$$

式中：

$$d_1 = [\ln(S_0/K) + (r + 0.5\sigma^2)T]/\sigma\sqrt{T}$$

$$d_2 = [\ln(S_0/K) + (r - 0.5\sigma^2)T]/\sigma\sqrt{T} = d_1 - \sigma\sqrt{T}$$

ln：自然对数；

K：期权执行价格；

S_0：所交易金融资产现价；

c：看涨期权 0 时刻价格；

p：看跌期权 0 时刻价格；

σ：资产价格波动率；

r：连续复利计无风险利率；

$N(\ )$：正态分布变量的累积概率分布函数。

（二）相关性质的说明

1. 股票价格的对数正态分布性质

无股息股票在一段时间区间内的百分比变化是正态分布。u 为股票每年的收益率期望，σ 为股票价格每年的波动率。

在 Δt 时间段股票收益率的均值是 $u\Delta t$，股票收益率服从正态分布：

$$\frac{\Delta S}{S} \sim \varphi(u\Delta t, \sigma^2 \Delta t)$$

其中，ΔS 为股票价格在 Δt 时间区间内的变化，$\varphi(m,v)$ 代表期望为 m、标准差为 v 的正态分布。由此可以得出：

$$\ln \frac{S_T}{S_0} = \ln S_T - \ln S_0 \sim \phi\left[\left(u - \frac{\sigma^2}{2}\right)T, \sigma^2 T\right]$$

或

$$\ln S_T \sim \phi\left[\ln S_0 + \left(u - \frac{\sigma^2}{2}\right)T, \sigma^2 T\right]$$

式中 S_T 是未来时间 T 时标的股票的价格，是一个服从某种概率分布的随机变量。$\ln S_T$ 服从正态分布，则 S_T 服从对数正态分布。$\ln S_T$ 的标准差是 $\sigma\sqrt{T}$。

2. 波动率

股票的波动率 σ 是用于度量股票所提供收益的不确定性。股票通常具有介于 15%和 50%之间的波动率。将波动率 σ 定义为按连续复利时单位股票在一年内所提供收益的标准差。

$\sigma\sqrt{T}$ 近似地等于 Δt 时间内股票价格变化百分比的标准差。例如股票价格为 50 美元，

其波动率 $\sigma = 0.3$，即每年 30%。对应每周价格百分比变化的标准差近似地等于：
$$50 \times (30 \times \sqrt{1/52}) = 50 \times 4.16\% = 2.08$$

由历史数据估计波动率：

（1）在时间长度为 τ 年内，观察到股价为 $S_0, S_1, \cdots, S_n$；

（2）计算第 i 个区间结束时的股票收益率：$u_i = \ln\left(\dfrac{S_i}{S_{i-1}}\right)$；

（3）计算 u_i 的标准差 s；

（4）u_i 的标准差也为 $\sigma\sqrt{\tau}$，因此有：$\hat{\sigma} = \dfrac{s}{\sqrt{\tau}}$。

（三）有收益资产的美式看涨期权布莱克-舒尔斯定价

当标的资产有收益时，美式看涨期权就有提前执行的可能，因此有收益资产美式期权的定价较为复杂，布莱克提出了一种近似处理方法。该方法是先确定提前执行美式看涨期权是否合理。若提前执行不合理。则按欧式期权处理；若提前执行是合理的，则要分别在提前执行的时刻和到期时刻计算欧式看涨期权的价格，然后将两者之中的较大者作为美式期权的价格。在大多数情况下，这种近似效果都不错。

由于提前执行不支付股息的美式看涨期权不会是最优的，可以由布莱克-舒尔斯公式直接计算期权价值。不幸的是，还没有美式看跌期权价值的精确解析公式，有兴趣的读者可参考二叉树美式期权的定价方法。下面我们主要讨论支付股息的美式看涨期权价值定价方法。

假定股票预计在时间 $t_1, t_2, \cdots, t_n$（其中 $t_1 < t_2 < \cdots < t_n$）分发股息，每个除息日的股息分布为 $D_1, D_2, \cdots, D_n$。我们首先考虑在最后一个除息日（t_n）前提前行使期权的可能性。如果期权在 t_n 行使，投资者的收益为 $S(t_n) - K$。其中，$S(t_n)$ 为股票在时间 t_n 的价格。持有者不行权的条件为：

$$S(t_n) - D_n - Ke^{-rt(T-t_n)} \geqslant S(t_n) - K \tag{6-7}$$

$$D_n \leqslant K[1 - e^{-rt(T-t_n)}] \tag{6-8}$$

接下来考虑 t_{n-1} 时刻，就是倒数第二个除息日。如果期权在 t_{n-1} 时被行使，投资者收到 $S(t_{n-1}) - K$。持有者不行权的条件为：

$$S(t_{n-1}) - D_{n-1} - Ke^{-r(t_n - t_{n-1})} \geqslant S(t_{n-1}) - K \tag{6-9}$$

$$D_{n-1} \leqslant K[1 - e^{-r(t_n - t_{n-1})}] \tag{6-10}$$

任意一个除息日，持有者不行权的条件：

$$D_i \leqslant K[1 - e^{-r(t_{i+1} - t_i)}] \tag{6-11}$$

三、实验步骤及示例

利用布莱克-舒尔斯公式对美式期权定价。假设一种 1 年期美式股票看涨期权。标的股票在 5 个月和 11 个月后各有一个除权日，每个除权日的红利期望值为 1.0 元。标的股票当前的市价 50 元，期权执行价格 $K=50$，无风险连续复利年利率为 10%，标的股票每年波动率 $\sigma=30\%$，求该美式期权的价值。将以上信息输入 Excel 表格中，结果如图 6-8 所示。

	股票现价	期权执行价格	无风险连续复利	有效期	年波动率	股息	期权类型
10	表1 期权基本信息						
11	股票现价	期权执行价格	无风险连续复利	有效期	年波动率	股息	期权类型
12	50.00	50.00	10.00%	1.00	30.00%	1.00	美式看涨期权

图 6-8 美式期权基本信息

（一）判断除息日前是否执行

根据前面结论，美式期权不能提前执行的条件是：
$$D_i \leqslant K[1-e^{-r(t_{i+1}-t_i)}]$$

在本例中，第 5 个月和第 11 个月的股息为 $D_1 = D_2 = 1$，第一次除息日前不等式右端为：$K[1-e^{-r(t_{i+1}-t_i)}]$，时间间隔为 $t_{i+1}-t_1 = 0.5$，则在单元格 D16 中输入公式：=C12*(1-EXP(-D12*C16))，第二次除息时间间隔为 $t_{i+1}-t_1 = 0.5$，则在单元格 D18 中输入公式=C12*(1-EXP(-D12*C18))，如图 6-9 所示。

第一次除权日前不等式右边计算结果为 2.4385，由于 2.4385＞1，因此在第一个除权日前期权不应当执行；在第二次除权日前不等式右边为 0.4148，0.4148＜1，因此第二个除权日前有可能提前执行，判断结果如图 6-9 所示。

	B	C	D	E
14	表2 判断执行情况			
15	D1	时间间隔	判决式右端	是否提前执行
16	1.00	0.5000	2.4385	否
17	D2	时间间隔	判决式右端	是否提前执行
18	1.00	0.0833	0.4148	可以

图 6-9 期权提前执行的判断结果

（二）对于 1 年期欧式看涨期权的讨论

对于 1 年期的欧式看涨期权来说，红利现值为股息 D_1 贴现加上股息 D_2 贴现。在 B22 单元格输入公式=B16*EXP(-D12*F22)+B18*EXP(-D12*G22)，计算出红利的贴现值为 1.8716，如图 6-10 所示。

	B	C	D	E	F	G
	STDEVA	✗ ✓ f_x	=B16*EXP(-D12*F22)+B18*EXP(-D12*G22)			
20	表3 一年期欧式期权计算					
21	红利现值	股票除去现值	d1	d2	贴现贴现间隔（T1）	贴现时间间隔（T2）
22	=B16*EXP(-D	48.1284	0.3562	0.0562	0.4167	0.9167
23	N(d1)	N(d2)	T	C12		
24	0.6391	0.5224	1.0000	7.1267		

图 6-10 股票红利贴现值计算

1. 首先在 Excel 操作环境下通过输入函数直接计算得出 d_1 和 d_2，进而利用 NORMSDIST 函数就可以计算相应的 $N(d_1)$ 和 $N(d_2)$。

d_1 和 d_2 的计算公式分别为：
$$d_1 = [\ln(S/X) + (r + 0.5\sigma^2)]/\sigma\sqrt{T}$$
$$d_2 = d_1 - \sigma\sqrt{T}$$

在单元格 D22 中输入公式
=(LN(C22/C12)+(D12+0.5*F12^2)*E12)/(F12*SQRT(E12))，求出 d_1，如图 6-11 所示。

在单元格 E22 中输入公式：
=D22-F12*SQRT(E12)，即可求出 d_2，d_2 计算结果为 0.0562，如图 6-11 所示。

图 6-11　d_1 和 d_2 的计算结果

2. 根据 d_1 和 d_2 的计算结果，利用 NORMSDIST 函数计算相应的 $N(d_1)$ 和 $N(d_2)$。

在 B24 中键入公司=NORMSDIST（D22），计算结果 $N(d_1)$ 为 0.6391；同理，在 C24 中键入公式=NORMSDIST(E22)，计算结果 $N(d_2)$ 为 0.5224。如图 6-12 所示。

图 6-12　$N(d_1)$ 和 $N(d_2)$ 的计算结果

3. 1 年期看涨期权计算结果

1 年期股票期权计算公式为：
$$c = S_1 N(d_1) - Ke^{-rT} N(d_2) \qquad (6-12)$$

其中 S_1 为股票现在价格减去股息的贴现值。

在 E24 中键入公式=C22*B24-C12*EXP(-D12*E12)*C24，1 年期欧式看涨期权的计算结果为：C12=7.1293。如图 6-13 所示。

图 6-13　1 年期欧式看涨期权计算结果

（三）对于 11 个月的欧式看涨期权讨论

根据判断条件已知在 11 个月分红前美式期权可能执行。对于 11 个月的欧式看涨期权来说，只进行过一次分红，故红利的现值为 5 月分红股息的现值。

11 个月的欧式看涨期权计算方法与 1 年期欧式期权计算方法相似。在 B28 中键入 =B16*EXP(-D12*F22),求出红利贴现值，然后由股票现价减去红利现值求出 S_1。

1. 首先在 Excel 操作环境下通过输入函数直接计算得出 d_1 和 d_2，进而利用 NORMSDIST 函数就可以计算相应的 $N(d_1)$ 和 $N(d_2)$。

d_1 和 d_2 的计算公式分别为：

$$d_1 = [\ln(S/X) + (r + 0.5\sigma^2)]/\sigma\sqrt{T}$$
$$d_2 = d_1 - \sigma\sqrt{T}$$

在 D28 中输入公式=(LN(C28/C12)+(D12+0.5*F12^2)*G22)/(F12*SQRT(G22))，求出 d_1；

在 E28 中输入公式=D28-F12*SQRT(G22)，即可求出 d_2，d_2 计算结果为 0.1081，如图 6-14 所示。

图 6-14 d_1 和 d_2 的计算结果

2. 根据 d_1 和 d_2 的计算结果，利用 NORMSDIST 函数计算相应的 $N(d_1)$ 和 $N(d_2)$。

在 B24 中键入=NORMSDIST（D28），计算结果 $N(d_1)$ 为 0.6537。同理，在 C30 中键入公式=NORMSDIST(E28)，求出 $N(d_2)$ 为 0.5430，如图 6-15 所示。

图 6-15 $N(d_1)$ 和 $N(d_2)$ 的计算结果

3. 11 个月期看涨期权价格计算结果。

股票期权计算公式为：

$$c = S_1 N(d_1) - Ke^{-rT} N(d_2) \tag{6-13}$$

其中 S_1 为股票现在价格减去股息的贴现值。

在 E30 中键入公式=C28*B30-C12*EXP(-D12*G28)*C30，如图 6-16 所示。计算出 11 个月期的欧式期权价格为 C22，C22=7.2843，如图 6-17 所示。

图 6-16 11 个月期的欧式期权价格计算公式

	B	C	D	E	F	G
26	表4 11个月期欧式期权计算					
27	红利现值	股票除去现值	d1	d2	贴现贴现间隔（T1）	贴现时间间隔（T2）
28	0.9592	49.0408	0.3953	0.1081	0.4167	0.9167
29	N(d1)	N(d2)		C22		
30	0.6537	0.5430		7.2843		

图6-17　11个月期的欧式期权价格计算结果

根据美式期权的性质，美式期权可以提前执行，由计算结果可知：C22＞C12。因此，根据布莱克-舒尔斯期权定价方法，可以得出1年期的美式看涨期权价值为7.2843。

本章参考文献

[1] 吴强. 美式期权的应用及其数值计算[D]. 上海：上海师范大学, 2006.

[2] 张铁. 美式期权定价问题的数值方法[J]. 应用数学学报, 2002, 25(1): 113-122.

[3] 姜礼尚. 期权定价的数学模型与方法[M]. 北京：高等教育出版社, 2003.

[4] 陈信华. 金融衍生工具[M]. 上海：上海财经大学出版社, 2009.12.

[5] 罗伯特·A. 斯特朗. 衍生产品概论[M]. 大连：东北财经大学出版社, 2005.2.

[6] 梁义娟, 徐承龙. 美式期权定价的数值方法[J]. 应用数学与计算数学学报, 2013(01).

[7] 赫尔. 期权、期货及其他衍生产品[M]. 北京：机械工业出版社, 2009.1.

第七章　期权交易策略模拟设计

【本章导读】

本章主要介绍一系列的期权交易策略，并通过 QuantPlus Analytics 实现策略的制定。通过本章的学习，学生应该能够掌握：

1. 通过 QuantPlus Analytics 实现期权交易策略——Covered Call 的制定；
2. 通过 QuantPlus Analytics 实现期权交易策略——Protective Put 的制定；
3. 通过 QuantPlus Analytics 实现期权交易策略——Bull Spread 的制定；
4. 通过 QuantPlus Analytics 实现期权交易策略——Butterfly Spread 的制定。

为了叙述方便起见，我们给出如下定义：

Long Stock：长头寸股票　　　　　　Covered Call：卖出持有标的看涨期权
Short Stock：短头寸股票　　　　　　Protective Put：买入保护性看跌期权
Long Call：长头寸欧式看涨期权　　　Bull Spread：牛市价差
Long Put：长头寸欧式看跌期权　　　Butterfly Spread：蝶式价差
Short Call：短头寸欧式看涨期权
Short Put：短头寸欧式看跌期权

实验一　期权交易策略——Covered Call

一、实验目的与要求

本节实验将通过 QuantPlus Analytics 实现期权交易策略——Covered Call 的制定。该实验要求如下：

1. 了解 Covered Call 期权交易策略的构成；

2. 熟练掌握在 QuantPlus Analytics 中实现期权交易策略——Covered Call 的操作流程和方法。

二、实验说明

Covered Call 期权交易策略，指卖出看涨期权，同时持有该期权的标的资产，以备看涨期权的行使。一个 Covered Call 由一个 long stock 和一个 short call 组成，如图 7-1 所示。

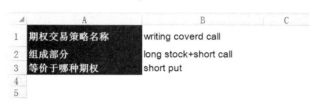

图 7-1 Covered Call 的组成

三、实验步骤及示例

以 IBM 的股票期权为例进行说明。IBM 是蓝筹股，且交易量较大，合约标准化，流动性好，容易找到相关工具，所以选取 IBM 在纳斯达克交易所进行交易的期权。

首先来看看数据的准备工作是如何完成的，具体可参考：

http://www.nasdaq.com/symbol/ibm/option-chain/160415C00120000-ibm-call；

http://www.dividend.com/dividend-stocks/technology/diversified-computer-systems/ibm-ibm-corp。

从上述网站可以获得 IBM 的 2016/4/15 到期的权益期权的相关信息，该期权的行权价格是 120 美元，是一个欧式看涨期权，隐含波动率为 0.27 572。在 2016/1/14 时，IBM 的股价为 132.91 美元。无风险利率我们选择 3 个月的 LIBOR，为 0.62%，连续红利率为 3.91%。

根据期权的买卖权平价关系（Put-call parity），$Se^{-\sigma T} - C = Ke^{-rT} - P$，long stock＋short call ＝现值为 Ke^{-rT} 的现金＋short put。

在 IBM 股票期权的例子中，call 的价格是 14.36 679（美元），股价为 132.91 美元，$Se^{-\sigma T} = 132.91 \times e^{-\frac{92}{365} \times 0.0391} = 131.61$，则初始投资为 131.61-14.36679＝117.24 美元。在时间 T 时，收益类似一个 short put。

QuantPlus Analytics 参数介绍如图 7-2 所示。

本例中参数选择如下：

1. 交易日历选择 UniteStates::NYSE，如图 7-3 所示。
2. 日期计数选择 Actual/365 (Fixed)，如图 7-4 所示。
3. 交易类型选择 Vanilla，如图 7-5 所示。
4. 期权类型选择 Call，如图 7-6 所示。

5. 定价引擎类型选择 ADE，如图 7-7 所示。

图 7-2 QuantPlus Analytics 参数介绍

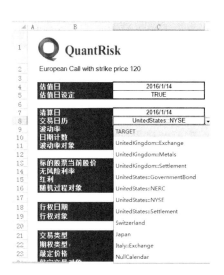

图 7-3 交易日历选择

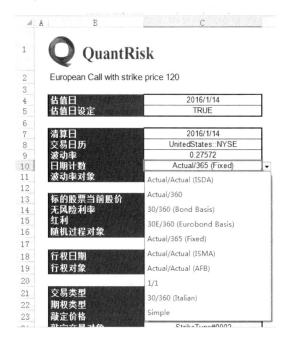

图 7-4 日期计数选择

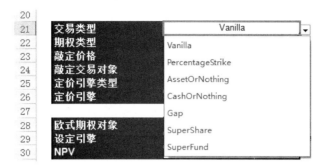

图 7-5 交易类型选择

图 7-6 期权类型选择

图 7-7 定价引擎类型选择

用 QuantPlus Analytics 得到的分析结果如图 7-8 所示。图 7-9 是实验结果图像,其中横坐标是行权日期的股价,纵坐标是行权日期的利润。

	A	B
1	Writing Covered Call (120)	
2	股价	利润
3	0	-118.7286
4	1	-117.7286
5	2	-116.7286
6	3	-115.7286
7	4	-114.7286
8	5	-113.7286
9	6	-112.7286
10	7	-111.7286
11	8	-110.7286
12	9	-109.7286
13	10	-108.7286
14	11	-107.7286
15	12	-106.7286
16	13	-105.7286
17	14	-104.7286
18	15	-103.7286
19	16	-102.7286
20	17	-101.7286
21	18	-100.7286
22	19	-99.7286
23	20	-98.7286
24	21	-97.7286
25	22	-96.7286
26	23	-95.7286

	A	B
109	106	-12.7286
110	107	-11.7286
111	108	-10.7286
112	109	-9.7286
113	110	-8.7286
114	111	-7.7286
115	112	-6.7286
116	113	-5.7286
117	114	-4.7286
118	115	-3.7286
119	116	-2.7286
120	117	-1.7286
121	118	-0.7286
122	119	0.2714
123	120	1.2714
124	121	1.2714
125	122	1.2714
126	123	1.2714
127	124	1.2714
128	125	1.2714
129	126	1.2714
130	127	1.2714
131	128	1.2714
132	129	1.2714
133	130	1.2714
134	131	1.2714
135	132	1.2714
136	133	1.2714

图 7-8 实验结果

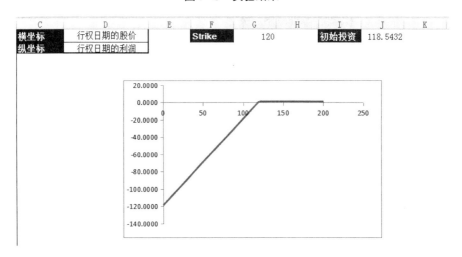

图 7-9 实验结果

实验二 期权交易策略——Protective Put

一、实验目的与要求

本节实验将通过 QuantPlus Analytics 实现期权交易策略——Protective Put 的制定。该实验要求如下：

1. 了解 Protective Put 期权交易策略的构成；

2. 熟练掌握在 QuantPlus Analytics 中实现期权交易策略——Protective Put 的操作流程和方法。

二、实验说明

Protective Put 期权交易策略，指在持有有价证券的同时买入一个行权价低于当前股价的看跌期权，来对冲后市股价急剧下跌的风险，而代价是要支付看跌期权的对价。一个 Protective Put 由一个 long stock 和一个 long put 组成，如图 7-10 所示。

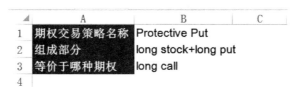

图 7 - 10　Protective Put 的组成

该策略的收益如图 7-11 所示。

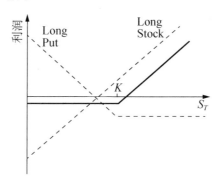

图 7 - 11　策略利润

三、实验步骤及示例

根据期权的买卖权平价关系（Put-call parity），$Se^{-\sigma T} + P = Ke^{-rT} + C$，long stock ＋long put＝现值为 Ke^{-rT} 的现金＋long call。

在之前的 IBM 股票期权的例子中，使用 QuantPlus Analytics，把期权类型改成 put，我们得出 put 的价格是 2.57 285 元，股价为 132.91 元。$Se^{-\sigma T} = 132.91 \times e^{-\frac{92}{365} \times 0.0391} = 131.61$，则初始投资为 131.61+2.57285=134.18（元）。在时间 T 时，收益类似一个 long call。

QuantPlus Analytics 参数介绍如图 7-12 所示。

本例中参数选择如下：

1. 交易日历选择 UniteStates::NYSE，如图 7-13 所示。
2. 日期计数选择 Actual/365 (Fixed)，如图 7-14 所示。

图 7-12 QuantPlus Analytics 参数介绍

图 7-13 交易日历选择

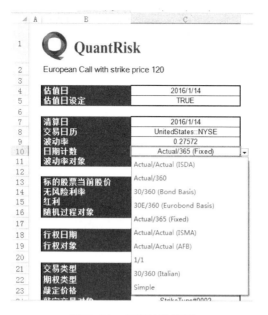

图 7-14 日期计数选择

3. 交易类型选择 Vanilla，如图 7-15 所示。

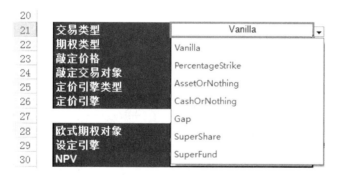

图 7-15 交易类型选择

4. 期权类型选择 Put，如图 7-16 所示。

图 7-16 期权类型选择

5. 定价引擎类型选择 ADE，如图 7-17 所示。

用 QuantPlus Analytics 得到的分析结果如图 7-18 所示。图 7-19 是实验结果的图像，其中横坐标是行权日期的股价，纵坐标是行权日期的利润。

图 7-17　定价引擎类型选择

	A	B
1	Protective Put (145)	
2	股价	利润
3	0	-4.0880
4	1	-4.0880
5	2	-4.0880
6	3	-4.0880
7	4	-4.0880
8	5	-4.0880
9	6	-4.0880
10	7	-4.0880
11	8	-4.0880
12	9	-4.0880
13	10	-4.0880
14	11	-4.0880
15	12	-4.0880
16	13	-4.0880
17	14	-4.0880
18	15	-4.0880
19	16	-4.0880
20	17	-4.0880
21	18	-4.0880
22	19	-4.0880
23	20	-4.0880
24	21	-4.0880
25	22	-4.0880
26	23	-4.0880

	A	B
137	134	-4.0880
138	135	-4.0880
139	136	-4.0880
140	137	-4.0880
141	138	-4.0880
142	139	-4.0880
143	140	-4.0880
144	141	-4.0880
145	142	-4.0880
146	143	-4.0880
147	144	-4.0880
148	145	-4.0880
149	146	-3.0880
150	147	-2.0880
151	148	-1.0880
152	149	-0.0880
153	150	0.9120
154	151	1.9120
155	152	2.9120
156	153	3.9120
157	154	4.9120
158	155	5.9120
159	156	6.9120
160	157	7.9120
161	158	8.9120
162	159	9.9120

图 7-18　实验结果

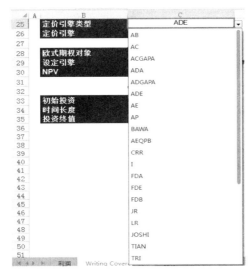

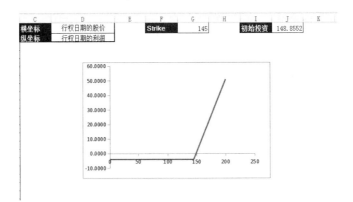

图 7-19　实验结果

实验三 期权交易策略——Bull Spread

一、实验目的与要求

本节实验将通过 QuantPlus Analytics 实现期权交易策略——Bull Spread（牛市价差）的制定。该实验要求如下：

1. 了解 Bull Spread 期权交易策略的构成；
2. 熟练掌握在 QuantPlus Analytics 中实现期权交易策略——Bull Spread 的操作流程和方法。

二、实验说明

价差策略中最流行的一种是 Bull Spread，这种价差策略由买入一个具有某一确定执行价格的欧式股票看涨期权和卖出一个同一股票但具有较高执行价格的欧式股票看涨期权组成，两个期权的期限相同，如图 7-20 所示。

图 7-20 Bull Spread 的组成

例如：一个 Bull Spread 是一个执行价格为 K_1 的 long call 和一个执行价格为 K_2 ($K_1 < K_2$) 的 short call，收益如图 7-21 所示。

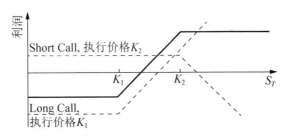

图 7-21 Bull Spread 的收益

三、实验步骤及示例

一个执行价格为 $K_1 = 120$ 的 long call 和一个执行价格为 $K_2 = 130$ ($K_1 < K_2$) 的 short call，用 QuantPlus Analytics 得出的分析结果，如图 7-22 所示。

用 QuantPlus Analytics 得出执行价格为 120 元的看涨期权的价格为 14.366 798 元，执行价格为 130 元的看涨期权的价格为 8.152 元，所以初始投资为 14.36679-8.152＝6.215（元）。

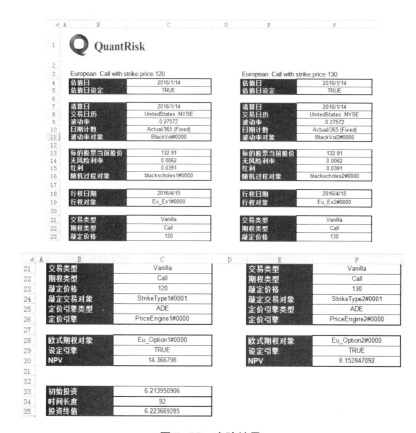

图 7-22　实验结果

QuantPlus Analytics 参数介绍如图 7-23 所示。

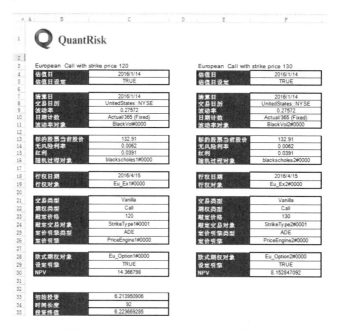

图 7-23　QuantPlus Analytics 参数介绍

本例中参数选择如下：

1. 交易日历选择 UniteStates::NYSE，如图 7-24 所示。

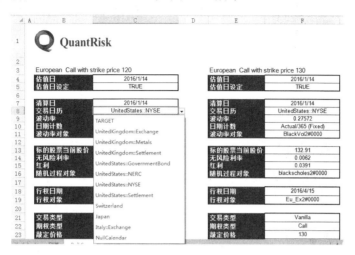

图 7-24　交易日历选择

2. 日期计数选择 Actual/365 (Fixed)，如图 7-25 所示。

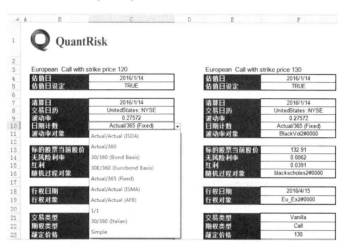

图 7-25　日期计数选择

3. 交易类型选择 Vanilla，如图 7-26 所示。

图 7-26　交易类型选择

4. 期权类型选择 Call，如图 7-27 所示。

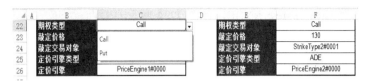

图 7-27　期权类型选择

5. 定价引擎类型选择 ADE，如图 7-28 所示。

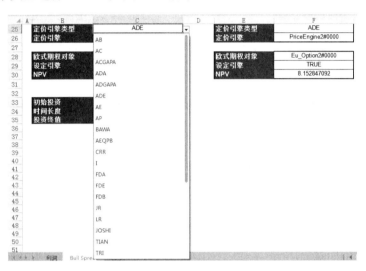

图 7-28　定价引擎类型选择

用 QuantPlus Analytics 可以得出的分析结果如图 7-29 所示。图 7-30 是实验结果的图像，其中横坐标是行权日期的股价，纵坐标是行权日期的利润。

Bull Spread (120 / 130)	
股价	利润
0	-6.2237
1	-6.2237
2	-6.2237
3	-6.2237
4	-6.2237
5	-6.2237
6	-6.2237
7	-6.2237
8	-6.2237
9	-6.2237
10	-6.2237
11	-6.2237
12	-6.2237
13	-6.2237
14	-6.2237
15	-6.2237
16	-6.2237
17	-6.2237
18	-6.2237
19	-6.2237
20	-6.2237
21	-6.2237
22	-6.2237
23	-6.2237
24	-6.2237
25	-6.2237

110	-6.2237
111	-6.2237
112	-6.2237
113	-6.2237
114	-6.2237
115	-6.2237
116	-6.2237
117	-6.2237
118	-6.2237
119	-6.2237
120	-6.2237
121	-5.2237
122	-4.2237
123	-3.2237
124	-2.2237
125	-1.2237
126	-0.2237
127	0.7763
128	1.7763
129	2.7763
130	3.7763
131	3.7763
132	3.7763
133	3.7763
134	3.7763
135	3.7763
136	3.7763
137	3.7763
138	3.7763

图 7-29　实验结果

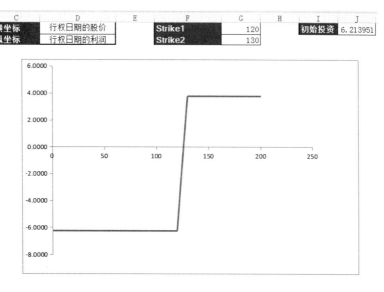

图 7-30 实验结果

实验四　期权交易策略——Butterfly Spread

一、实验目的与要求

本节实验将通过 QuantPlus Analytics 实现期权交易策略——Butterfly Spread 的制定。该实验要求如下：

1. 了解 Butterfly Spread 期权交易策略的构成；
2. 熟练掌握在 QuantPlus Analytics 中实现期权交易策略——Butterfly Spread 的操作流程和方法。

二、实验说明

Butterfly Spread 期权交易策略，由三种不同行权价格的期权组成。其构造方式为：买入一个具有较低行权价格 K_1 的欧式看涨期权，买入一个具有较高执行价格 K_3 的欧式看涨期权，并卖出两个执行价格为 K_2 的欧式看涨期权，其中 K_2 为 K_1 及 K_3 的中间值。一般来讲，K_2 接近于当前股票价格，如图 7-31 所示。

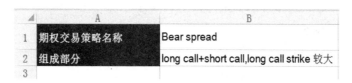

图 7-31　Butterfly Spread 的组成

三、实验步骤及示例

实施 Butterfly Spread 期权交易策略,买入一个行权价格为 $K_1=140$ 的看涨期权和一个行权价格为 $K_3=120$ 的看涨期权,卖出 2 个行权价格为 $K_2=\dfrac{K_1+K_3}{2}=130$ 的看涨期权,用 QuantPlus Analytics 得出的分析结果,如图 7-32 所示。

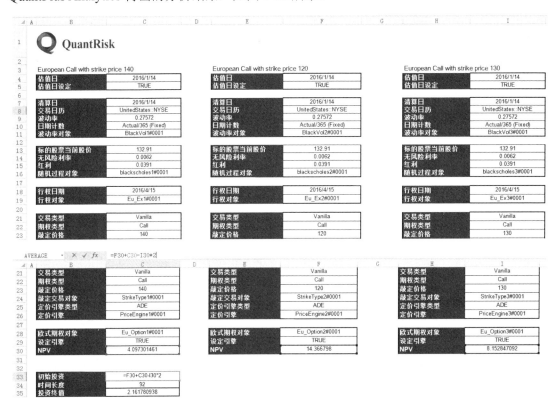

图 7-32 实验结果

用 QuantPlus Analytics 得出行权价格为 140 的看涨期权的价格为 4.0973,行权价格为 130 的看涨期权的价格为 8.152,行权价格为 120 的看涨期权的价格为 14.366798,所以初始投资为:4.0973+14.36679-2×8.152 = 2.158。

QuantPlus Analytics 参数介绍如图 7-33 所示。

本例中参数选择如下:

1. 交易日历选择 UniteStates::NYSE,如图 7-34 所示。

2. 日期计数选择 Actual/365(Fixed),如图 7-35 所示。

3. 交易类型选择 Vanilla,如图 7-36 所示。

4. 期权类型选择 Call,如图 7-37 所示。

5. 定价引擎类型选择 ADE,如图 7-38 所示。

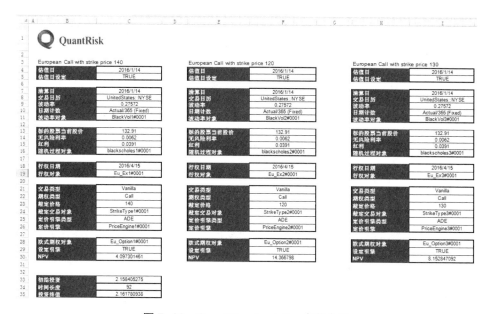

图 7-33 QuantPlus Analytics 参数介绍

图 7-34 交易日历选择

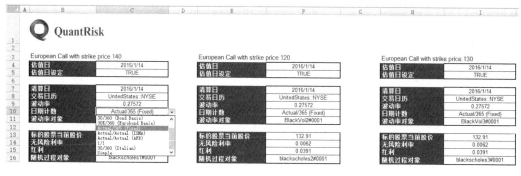

图 7-35 日期计数选择

图 7-36 交易类型选择

图 7-37　期权类型选择

图 7-38　定价引擎类型选择

用 QuantPlus Analytics 可以得出的分析结果如图 7-39 所示。图 7-40 是实验结果的图像，其中横坐标是行权日期的股价，纵坐标是行权日期的利润。

股价	利润		股价	利润		股价	利润
Butterfly Spread (140/130/120)			109	-2.1618		130	7.8382
0	-2.1618		110	-2.1618		131	6.8382
1	-2.1618		111	-2.1618		132	5.8382
2	-2.1618		112	-2.1618		133	4.8382
3	-2.1618		113	-2.1618		134	3.8382
4	-2.1618		114	-2.1618		135	2.8382
5	-2.1618		115	-2.1618		136	1.8382
6	-2.1618		116	-2.1618		137	0.8382
7	-2.1618		117	-2.1618		138	-0.1618
8	-2.1618		118	-2.1618		139	-1.1618
9	-2.1618		119	-2.1618		140	-2.1618
10	-2.1618		120	-2.1618		141	-2.1618
11	-2.1618		121	-1.1618		142	-2.1618
12	-2.1618		122	-0.1618		143	-2.1618
13	-2.1618		123	0.8382		144	-2.1618
14	-2.1618		124	1.8382		145	-2.1618
15	-2.1618		125	2.8382		146	-2.1618
16	-2.1618		126	3.8382		147	-2.1618
17	-2.1618		127	4.8382		148	-2.1618
18	-2.1618		128	5.8382		149	-2.1618
19	-2.1618		129	6.8382		150	-2.1618
			130	7.8382		151	-2.1618

图 7-39　实验结果

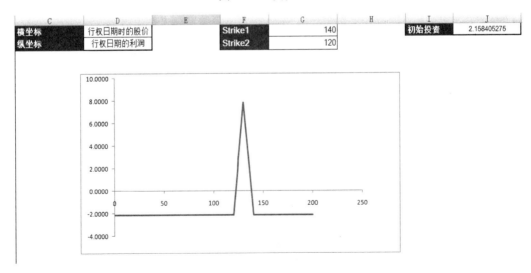

图 7-40　实验结果

本章参考文献

[1] 马歇尔, 班塞尔. 金融工程[M]. 北京: 清华大学出版社, 1998.6.

[2] 张治青. 期权交易策略的构造与运用[J]. 国际金融研究, 2006:49-55.

[3] 王一多, 张蜀林. 我国股票市场期权式交易策略研究[J]. 中国管理科学, 2013, S1: 280-284.

[4] 刘海涛. 股指期权的交易策略分析[D]. 苏州：苏州大学, 2014.

[5] Cilster J, Lee W. The Effects of Transaction Costs and Different Borrowing and Lending Rates on the Option Pricing Model:A Note [J]. The Journal of Finance, 1984.

[6] Black F, Scholes M. The Pricing of Options and Corporate Liabilities[J]. JournaI of Poeitical Economy, 1973,81(3):637-654.

[7] Markowitz H. Portfolio Selection [J]. *Journal of Finance*. 1952 V7(77-91).

[8] Herbst A F, Kare D, Marshall J F. A Time Varying, Convergence Adjusted, Minimum Risk Futureshedge Ratio[J]. Advances in Futures and Options Research, 1989.

[9] Lindahl M. Risk-return Hedging Effectiveness Measures for Stock Index Future[J]. Futures Markets. 1991, 11(4): 399-409.

第八章 金融工具风险管理

【本章导读】

本章主要介绍应用 Excel 软件和 FINCAD 软件对金融工具进行风险管理,通过本章的学习,学生应该能够:

1. 了解风险值(VaR)的概念,并在收益服从对数正态分布假设的条件下,得到股票风险值的解析解。熟练掌握在 Excel 环境下计算投资组合风险值的操作方法和操作步骤。

2. 运用 FINCAD 分析套件对信用违约掉期(CDS)进行估值。

3. 基于 SABR 随机波动率模型在 FINCAD 软件中对契约或者互换期权进行定价并估计其他风险统计量。

实验一 风险的度量——风险值

一、实验目的与要求

本节实验介绍风险值的概念,并在收益服从对数正态分布假设的条件下,得到股票风险值的解析解。

该实验要求如下:

1. 能够熟练运用 Excel 软件进行相关操作;
2. 掌握风险值的概念;
3. 熟练掌握在 Excel 环境下计算投资组合风险值的操作方法和操作步骤。

二、实验说明

风险值(VaR)只是一个数字,用来表示一个资产或投资组合可能出现的损失,风险值给出了在给定的时间段(如一个月)和合适的概率(如 5%)下资产的最大预期损失是多少。在当前的实际应用中,风险值被大多数主要的投资银行用来集中度量其持有的投资组合每天出现损失的风险。这些投资组合几乎包括所有的金融资产,例如期权、债券、期货和股票。

本书只针对由股票构成的投资组合,而不涉及如何计算其他金融资产的风险值(往往比较复杂)。

对股票收益(收益率同理)的实证研究表明,它们通常具有一定的偏斜度。但是,对收益取对数(通常是自然对数)后得到的分布会更加对称。因此与收益相比,对数收益通常更加对称并且近似地服从正态分布。当对数收益服从正态分布时,称收益服从对数正态分布。虽然在某些情况下(例如日收益或资产收益波动性很低时)经常会忽略对数正态分布和正态分布之间的区别,但精确的研究中绝对不能忽略这种差别。至少要理解这两种分布之间的区别,这一点非常重要。两者的一个主要区别是:专家在他们的学术研究中一般使用对数收益,而在一般的商业软件中通常使用普通(未经处理的)收益,并且假设它们服从正态分布。另外,研究中倾向于用超额收益(收益减去无风险利率收益)作为分析的基础。本质上讲,关键要知道在分析中,需要假定股票价格收益服从何种分布。本节实验假设在收益服从对数正态分布的条件下,得到股票风险值的解析解。

在对数收益服从正态分布的假设下,定义一个投资组合分布的左尾(lower tail)值,资产的价值会以一定的概率低于该值。分布的左尾值就是风险值。这种度量的本质是把度量股票收益的波动率转化为求正态分布的百分位点。

知道了月度对数收益的均值和方差(分别用 M 和 V 表示)后,还需要知道服从对数正态分布收益数据的均值(用 $M1$ 表示),其中对数正态矩 $M1$ 和正态分布矩之间关系是 $M1 = \exp(M + 0.5V)$。

如果一个资产的月度对数收益服从正态分布,其均值和方差分别为 M 和 V,那么时间段 δ_t 内其收益同样服从正态分布,这时的均值和方差分别为 $M\delta_t$ 和 $V\delta_t$。根据标准正态分布的有关理论,收益均值减去 1.64 倍标准差的概率为 5%,用公式表示就是:

$$M\delta_t - 1.64\sqrt{V\delta_t} \tag{8-1}$$

即收益比上式数值低的概率为 5%。类似地,收益低于均值减去 1.96 倍标准差的概率为 2.5%。"z 值"(这里 $z = 1.645$)确定了分布的左尾区域(这里是 5%)。如果一种资产的初始价值是 S,那么在 δ_t 个月之后其价值将有 5% 的概率低于:

$$S[M\delta_t - 1.64\sqrt{V\delta_t}] \tag{8-2}$$

这就是该资产的风险值。更严格地说,此处得到的是绝对风险值。当仅考虑波动率(忽略预期收益 $SM\delta_t$)时得到的就是相对风险值。

三、实验步骤及示例

下面给出了由 8 种瑞士股票构成的投资组合风险值的计算过程,这里使用的是这 8 只股票的月度对数超额收益率。

图 8-1 中给出了 8 只股票(C4:J4)的相关信息和 60 组月度对数收益率(C13:J72)。

	A	B	C	D	E	F	G	H	I	J
2	Estimating VCV Matrices using Ln Xs Returns									
3										
4		Index	UBS	CS	Zurich Ins	Winterthur	Roche	Sandoz	Ciba-Geigy	Swissair
5										
6	Alpha		0.35%	-0.25%	-0.58%	-0.99%	1.49%	0.11%	-0.64%	-0.60%
7	Alpha (SE)		0.50%	0.62%	0.62%	0.68%	0.54%	0.55%	0.52%	0.94%
8	Beta		1.13	1.26	1.13	1.11	0.91	1.05	1.16	1.04
9	Beta (SE)		0.11	0.13	0.13	0.15	0.12	0.12	0.11	0.20
10	Total Risk	16.12%	22.42%	26.12%	24.60%	25.44%	20.45%	22.26%	23.11%	29.88%
11	Spec Risk (Ann)		13.27%	16.57%	16.62%	18.21%	14.42%	14.59%	13.74%	24.97%
12										
13	1	-0.0591	-0.0486	-0.0730	-0.0795	-0.0854	-0.0512	-0.1085	-0.0962	-0.1091
14	2	0.0285	0.0758	0.0748	0.0762	-0.0220	0.0946	-0.0130	0.0079	0.0357
15	3	-0.0035	0.0513	0.0019	-0.0151	-0.0112	-0.0617	0.0154	-0.0132	0.0000
16	4	-0.0299	-0.0610	-0.0882	-0.0268	-0.0171	-0.0460	-0.0195	-0.0334	-0.0542
17	5	-0.0061	-0.0208	-0.0247	-0.1289	-0.1619	-0.0276	-0.0752	-0.1093	0.0052
18	6	-0.0177	-0.0743	-0.0464	-0.0124	-0.0428	0.0142	0.0334	-0.0932	-0.0777
19	7	-0.0382	-0.1124	-0.0487	-0.1281	-0.0692	0.0070	-0.0185	-0.0069	-0.0450
20	8	0.1146	0.1661	0.1442	0.2467	0.2663	0.0902	0.0990	0.1725	0.0520
21	9	0.0158	-0.0056	0.0122	-0.0169	0.0587	0.0064	0.0300	0.0147	-0.0857
22	10	-0.0195	0.0028	-0.0404	0.0343	0.0344	-0.0064	-0.0833	-0.0724	-0.0063
23	11	-0.1322	-0.1428	-0.1228	-0.1345	-0.1302	-0.1032	-0.1500	-0.1906	-0.1069
24	12	-0.1167	-0.1046	-0.1251	-0.1699	-0.1230	-0.1477	-0.0802	-0.0927	-0.1408
25	13	0.0380	-0.0146	-0.0200	0.0750	0.0427	0.0750	0.0349	-0.0213	0.0164
26	14	-0.0256	0.0037	-0.0379	0.0510	0.0819	0.0000	-0.0034	0.0260	-0.1049
27	15	0.0035	0.0111	-0.0939	0.0331	-0.0135	0.0387	0.0146	0.0509	0.0090
28	16	0.0256	0.0948	0.0836	0.0715	0.0411	-0.0582	0.1278	-0.0081	-0.0536
29	17	0.0999	0.1266	0.1203	-0.0023	0.0395	0.1157	0.0739	0.1504	0.2642

图 8-1 股票基本信息及其对数收益率

其均值和方差信息列在如图 8-2 所示的单元格 W8：AD10 中。

	V	W	X	Y	Z	AA	AB	AC	AD
1	Equity2.XLS								
2	Estimating VaR using Lognormal Distribution								
3									
4		UBS	CS	Zurich Ins	Winterthur	Roche	Sandoz	Ciba-Geigy	Swissair
5									
6	Asset value (S)	1000.0	1000.0	1000.0	1000.0	1000.0	1000.0	1000.0	1000.0
7									
8	Return (M) lnS	0.0100	0.0047	0.0007	-0.0036	0.0200	0.0071	0.0002	-0.0001
9									
10	Variance (V)	0.0041	0.0056	0.0050	0.0053	0.0034	0.0041	0.0044	0.0073
11									
12	Exp ret (M1) S	1.21%	0.75%	0.32%	-0.09%	2.20%	0.92%	0.24%	0.36%

图 8-2 股票均值和方差信息

以 UBS 股票为例，单元格 W8 给出了它的均值（由公式 AVERAGE(C13:C72)算出），单元格 W10 给出其方差（公式为：VARP(C13:C72)）。计算相对风险值的公式主要用到了 UBS 的资产价值（单元格 W6）、UBS 的方差（单元格 W10）、所选择的时间段（单元格 W15，为 1 个月）和标准差的倍数即 "z 值"（单元格 W19）。

如图 8-3 所示，相对风险值（单元格 W21）的意义可以解释为：如果持有现在价值为 1000 的 UBS 的股票，在今后 1 个月的时间内，其价值有 5%的概率减少 105.59 或更多。在计算相对风险值的过程中，我们假设资产在整个期间内有一个预期收益，但是这个收益很小，可以忽略不计（在计算每天的风险值时通常这样考虑）。

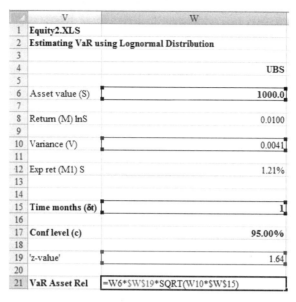

图 8-3 相对风险值计算

绝对风险值中包含了资产的预期收益（从单元格 W12 的 M1 可以得到，此处 UBS 的月度收益率为 1.21%），如图 8-4 所示。

	W	X	Y	Z	AA	AB	AC	AD
	W12		f_x	=EXP(W8+0.5*W10)-1				
	V	W	X	Y	Z	AA	AB	AC	AD
1	Equity2.XLS								
2	Estimating VaR using Lognormal Distribution							
3									
4		UBS	CS	Zurich Ins	Winterthur	Roche	Sandoz	Ciba-Geigy	Swissair
5									
6	Asset value (S)	1000.0	1000.0	1000.0	1000.0	1000.0	1000.0	1000.0	1000.0
7									
8	Return (M) lnS	0.0100	0.0047	0.0007	-0.0036	0.0200	0.0071	0.0002	-0.0001
9									
10	Variance (V)	0.0041	0.0056	0.0050	0.0053	0.0034	0.0041	0.0044	0.0073
11									
12	Exp ret (M1) S	1.21%	0.75%	0.32%	-0.09%	2.20%	0.92%	0.24%	0.36%

图 8-4 预期 UBS 的月度收益

并且要从相对风险值中减去这个正数（因为此处持有该股票）。计算预期收益率（单元格 W12 中的 M1）的过程中用到了对数正态和正态分布矩之间的关系公式：$M1=\exp(M+0.5V)$。因此，在此例中单元格 W24 给出的 93.5 的绝对风险值比相对风险值要低。

在上面给出的那些股票中，绝对风险值结果如图 8-5 所示（W24：AD24），风险值最低的是 Roche，因为它的方差最小。

	V	W	X	Y	Z	AA	AB	AC	AD
1	Equity2.XLS								
2	Estimating VaR using Lognormal Distribution								
3									
4		UBS	CS	Zurich Ins	Winterthur	Roche	Sandoz	Ciba-Geigy	Swissair
5									
6	Asset value (S)	1000.0	1000.0	1000.0	1000.0	1000.0	1000.0	1000.0	1000.0
7									
8	Return (M) lnS	0.0100	0.0047	0.0007	-0.0036	0.0200	0.0071	0.0002	-0.0001
9									
10	Variance (V)	0.0041	0.0056	0.0050	0.0053	0.0034	0.0041	0.0044	0.0073
11									
12	Exp ret (M1) S	1.21%	0.75%	0.32%	-0.09%	2.20%	0.92%	0.24%	0.36%
13									
14									
15	Time months (δt)	1							
16									
17	Conf level (c)	95.00%							
18									
19	'z-value'	1.64							
20									
21	VaR Asset Rel	105.59	122.97	115.83	119.77	96.29	104.80	108.80	140.68
22	via fn	105.59	122.97	115.83	119.77	96.29	104.80	108.80	140.68
23									
24	VaR Asset Abs	93.50	115.43	112.63	120.68	74.31	95.64	106.40	137.10
25	via fn	93.50	115.43	112.63	120.68	74.31	95.64	106.40	137.10

图 8-5 绝对风险值结果

在知道单只股票的风险值和它们收益之间的相关系数矩阵之后,估计整个投资组合(此处假设组合中 8 种股票的权重相等)的风险值也就不难了。单元格 W30 中给出了整个投资组合的相对风险值 702.70,比所有单只股票的风险值之和 914.73 小了很多,这从另一个侧面证明了投资分散化可以减小投资风险。

收益的相关系数矩阵(M5:T12),如图 8-6 所示。

	L	M	N	O	P	Q	R	S	T
1	Equity2.XLS								
2	Correlation Matrix								
3									
4		UBS	CS	Zurich Ins	Winterthur	Roche	Sandoz	Ciba-Geigy	Swissair
5	UBS	1.00	0.73	0.75	0.67	0.43	0.55	0.58	0.45
6	CS	0.73	1.00	0.62	0.63	0.43	0.56	0.58	0.40
7	Zurich Ins	0.75	0.62	1.00	0.82	0.46	0.54	0.60	0.36
8	Winterthur	0.67	0.63	0.82	1.00	0.39	0.59	0.62	0.31
9	Roche	0.43	0.43	0.46	0.39	1.00	0.55	0.62	0.42
10	Sandoz	0.55	0.56	0.54	0.59	0.55	1.00	0.71	0.22
11	Ciba-Geigy	0.58	0.58	0.60	0.62	0.62	0.71	1.00	0.46
12	Swissair	0.45	0.40	0.36	0.31	0.42	0.22	0.46	1.00

图 8-6 收益的相关系数矩阵

单只股票的相对风险值(W21:AD21),如图 8-7 所示。

	V	W	X	Y	Z	AA	AB	AC	AD
20		UBS	CS	Zurich Ins	Winterthur	Roche	Sandoz	Ciba-Geigy	Swissair
21	VaR Asset Rel	105.59	122.97	115.83	119.77	96.29	104.80	108.80	140.68

图 8-7 各只股票的相对风险值

整个投资组合的相对风险值是 702.70（W30），如图 8-8 所示。

	V	W	X	Y	Z	AA
27						
28	Estimating Portfolio VaR using Lognormal Distribution					
29						
30	Var Port Rel	702.70				
31	via fn	702.70				
32						
33	Var Port Abs	658.67				
34	via fn	658.67				

W30 公式：{=SQRT(MMULT(MMULT(W21:AD21,M5:T12),TRANSPOSE(W21:AD21)))}

图 8-8 整个投资组合的相对风险值

实验二 信用违约掉期（单资产）的估值
——基于 FINCAD 分析套件

一、实验目的与要求

本节实验介绍信用违约掉期的概念，并运用 FINCAD 分析套件对单资产的信用违约掉期进行估值。

该实验要求如下：

1. 了解信用违约掉期的相关概念；

2. 掌握运用 FINCAD 分析套件对单资产的信用违约掉期进行估值的操作方法和操作步骤。

二、实验说明

信用违约掉期（CDS），是一项当具体信用事件发生时为基本参考资产提供资产信用损失保护的合同。信用事件通常是资产发行人的违约或信用降级，参考资产可能是债券、贷款、贸易应收款，或一些其他类型的责任。一个违约互换的买方支付一定的权利金给卖方，以换取当信用事件发生获得赔偿的权利。在本质上，可以看作是买家购买了一份保险，如图 8-9 所示。

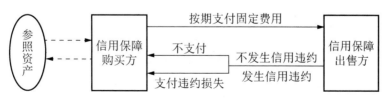

图 8-9 信用违约掉期（CDS）

使用 FINCAD 分析套件估值 CDS（单资产），这里的资产是具有固定本金和违约互换保护的任何资产，可以通过使用 CDS（单资产）的工作簿对其进行估值。此工作簿可以通过点击 FINCAD Analytics Suite 菜单→ Workbooks (user data) → Credit Derivatives (CDS & Options) → CDS (Single Asset)找到，如图 8-10 所示。

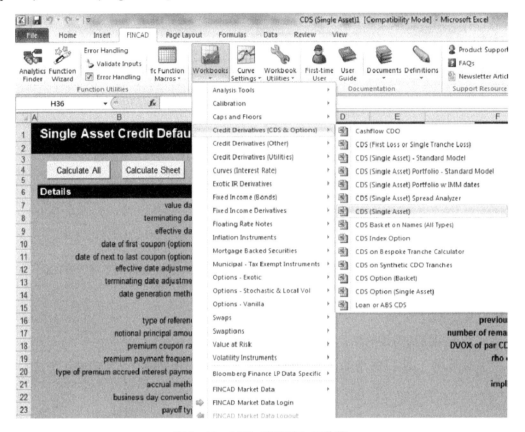

图 8-10　CDS（单资产）工作簿

用户可以在违约概率/密度曲线表中输入曲线，如图 8-11 所示。

Par Default Swap Spreads	
term in years	CDS spread
0.5	0.048012
1	0.100234
2	0.174131
3	0.237268
4	0.280736
5	0.315855
7	0.387172
10	0.579815

图 8-11　CDS spread

如果使用计算出的违约概率曲线来估计 CDS，违约概率曲线可以在概率曲线选项卡上使用 aaCredit_DfltProb_DSSprd 计算。其功能为，给定一个票面违约互换价差曲线表，生成违约概率曲线表，如图 8-12 所示。

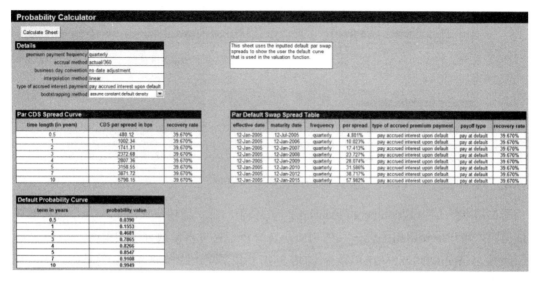

图 8-12　生成违约概率曲线表

图 8-13 为 CDS（单资产）工作簿中的一个 CDS 交易例子，图 8-14 为用票面违约掉期的利差生成违约概率曲线表的相关信息。

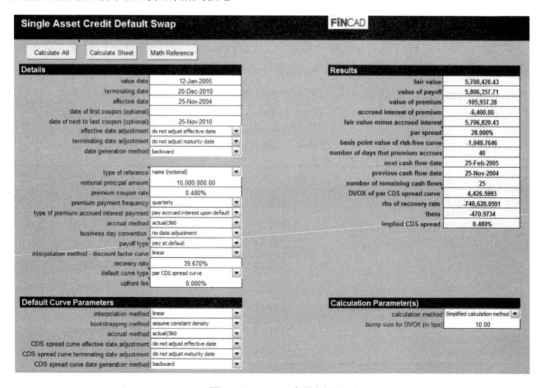

图 8-13　CDS 交易例子

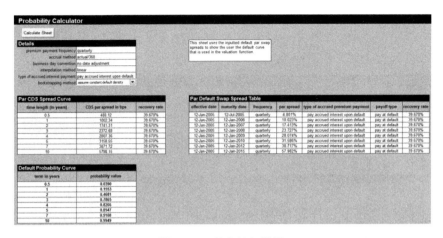

图 8-14 信息输入结果

与彭博财经 LP（Bloomberg Finance LP）的估值一样，当用户使用 FINCAD 分析套件生成估值时，用户应使用相关表作为在 FINCAD 分析套件进入参数分析的指南。

函数 aaCredit_DS_SPV01 可以在 CDS 的细节和票面违约掉期价差表的基础之上，计算 PV01（基点值）。概率计算器选项卡中的 PV01 值可以用来复制在 CDSW 屏幕的计算器部分的 SPRD DV01 值。

三、实验步骤及示例

CDS 的估值步骤如下：

首先，估值信用违约掉期，从市场数据的假设开始。通过利用存款、期货或参数掉期利率，并使用 FINCAD 功能 aaSwap_crv2，计算一个无风险曲线。在 CDS（单资产）工作簿中有一个称为 Zero Curve 的标签，可以用它自动完成这一过程。

其次，给出了一系列的违约报价情况（见图 8-13），创建输入表，如表 8-1 所示。

表 8-1 违约报价情况

时长（年）	面值价差（参照基准利率）	回收率
0.5	480.12	39.67%
1	1002.34	39.67%
2	1741.31	39.67%
3	2372.68	39.67%
4	2807.36	39.67%
5	3158.55	39.67%
7	3871.72	39.67%
10	5798.15	39.67%

对于表 8-1 中的报价，首先将其转换成符合输入"面值违约掉期价差表"的格式，如

图 8-15 所示。

Par Default Swap Spread Table						
effective date	maturity date	frequency	par spread	type of accrued premium payment	payoff type	recovery rate
12-Jan-2005	12-Jul-2005	quarterly	4.801%	pay accrued interest upon default	pay at default	39.670%
12-Jan-2005	12-Jan-2006	quarterly	10.023%	pay accrued interest upon default	pay at default	39.670%
12-Jan-2005	12-Jan-2007	quarterly	17.413%	pay accrued interest upon default	pay at default	39.670%
12-Jan-2005	12-Jan-2008	quarterly	23.727%	pay accrued interest upon default	pay at default	39.670%
12-Jan-2005	12-Jan-2009	quarterly	28.074%	pay accrued interest upon default	pay at default	39.670%
12-Jan-2005	12-Jan-2010	quarterly	31.586%	pay accrued interest upon default	pay at default	39.670%
12-Jan-2005	12-Jan-2012	quarterly	38.717%	pay accrued interest upon default	pay at default	39.670%
12-Jan-2005	12-Jan-2015	quarterly	57.982%	pay accrued interest upon default	pay at default	39.670%

图 8-15 报价格式转换结果

然后，利用无风险曲线（贴现因子曲线）以及票面违约掉期转换的行情信息，结合 aaCredit_DfltProb_DSSprd 来计算违约概率曲线，如表 8-2 所示。

表 8-2 违约概率情况

期（年）	P 值
0.5	0.0390
1	0.1553
2	0.4681
3	0.7865
4	0.8266
5	0.8547
7	0.9108
10	0.9949

最后，使用违约概率曲线生成交换计算器选项卡（the Swap Calculator tab）上的 CDS 估值，结果如图 8-16 所示。

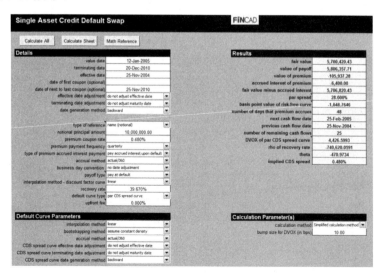

图 8-16 CDS 估值结果

实验三 "波动率微笑"风险管理——基于 SABR 随机波动率模型

一、实验目的与要求

本节实验介绍对"波动率微笑"风险进行管理的随机波动率模型中重要模型之一——SABR 模型。通过本节实验,学生应该掌握利用 SABR 模型对契约或者互换期权进行定价并估计其他风险统计量。

该实验要求如下:

1. 了解 SABR 模型的基本原理;
2. 熟练掌握在 FINCAD 软件中利用 SABR 模型进行风险管理的方法。

二、实验说明

人们通常使用 Black-Scholes(或 Black)模型来解决欧式期权的定价和对冲问题。从理论上而言,Black-Scholes(或 Black)模型内的"隐含波动率"σ 是常数。即使在更一般的情况下,当"隐含波动率"是时间的函数时,在不同的执行价格下,Black-Scholes(或 Black)模型的"隐含波动率"都是相等的。但是在市场实务中,对某一给定的到期日,具有相同标的资产、不同执行价格的欧式期权的"隐含波动率"并不相同,它们呈现出"波动率微笑"(volatility smile)现象。本节实验介绍了对"波动率微笑"风险进行管理的随机波动率模型中的重要模型之一——SABR 模型。

SABR 模型假设基本速率 f 遵循随机微分方程

$$\mathrm{d}f_t = \delta_t f_t^{\beta} \mathrm{d}W_1 \tag{8-3}$$

$$\mathrm{d}\delta_t = v\delta_t \mathrm{d}W_2 \tag{8-4}$$

其中,$\mathrm{d}W_i$ 为布朗运动随机过程,其中 $i=1$ 时与远期利率过程相一致,$i=2$ 时与波动率过程相一致;$\delta_0 = \alpha$,为最初的波动率;ρ 满足 $d<W_1, W_2> \geqslant \rho \mathrm{d}t$。

Hagan 等人在 SABR 模型的基础上得出著名的 Black 有效波动的渐近公式:

$$\delta_B(f,k) = \frac{\alpha}{(fk)^{\frac{1-\beta}{2}}\left\{1+\frac{(1-\beta)^2}{24}\log^2(f/k)+\frac{(1-\beta)^4}{1920}\log^4(f/k)+\cdots\right\}} \times \left(\frac{z}{x(z)}\right) \times \\ \left\{1-\left[\frac{(1-\beta)^2}{24}\frac{\alpha^2}{(fk)^{1-\beta}}+\frac{1}{4}\frac{\alpha\beta\rho v}{(fk)^{\frac{1-\beta}{2}}}+\frac{2-3\rho^2}{24}v^2\right]T+\cdots\right\}, \tag{8-5}$$

其中,f 为相关工具的利率:远期利率或者远期互换利率,k 为执行利率,T 为到期时间。

其中,$z = \frac{v}{\alpha}(fk)^{\frac{1-\beta}{2}}\log(f/k)$,$x(z) = \log\left(\frac{\sqrt{1-2z\rho+z^2}+z-\rho}{1-\rho}\right)$。

SABR 模型的优点在于只要给出模型参数，就能由 Black 公式（8-5）计算出波动率，进而得到契约或掉期期权的价格。FINCAD 分析套件提供是在 SABR 模型中对契约或掉期期权进行估值的功能。

三、实验步骤及示例

我们以使用 SABR 模型计算契约的公允价值和所有风险统计量为例。使用 FINCAD 功能 aaCaplet_SABR。图 8-17 显示了该函数的输入。

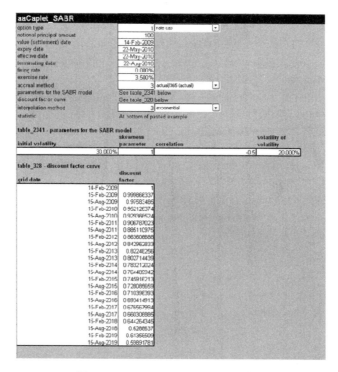

图 8-17　aaCaplet_SABR 函数输入

结果显示契约的公允价值为 0.361，同时输出了其他风险统计量的数值，如图 8-18 所示。

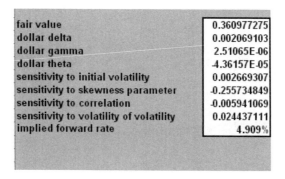

图 8-18　实验结果

本章参考文献

[1] 李晓岚. 金融衍生工具的应用及风险管理[D]. 长春：吉林大学, 2005.
[2] 熊思超. 论衍生金融工具风险管理[D]. 南昌：江西财经大学, 2009.
[3] 王海波. 衍生金融工具风险管理[J]. 合作经济与科技, 2009(03): 74-76.
[4] 王海英. 论衍生金融上具的风险控制[J]. 金融理论与实践, 2002.
[5] 劳伦斯·雅克. 滥用之灾:该死的金融衍生品[M]. 刘镇夷译. 北京：北京大学出版社, 2012.
[6] 龚朴, 胡祖辉. 信用衍生产品隐含相关性结构研究[J]. 金融研究, 2011, 1: 182-194.
[7] 汪寿阳, 张维. 后金融危机时代金融系统工程与风险管理的研究进展[J]. 管理科学学报, 2012.
[8] 达夫·麦克唐纳. 最后的胜者——杰米·戴蒙与摩根大通的兴起[M]. 北京：东方出版社, 2011: 158-188.
[9] Bangia A, Diebold F, Schuermann T. Modeling Liquidity Risk, with Implications for Traditional Market Risk Measurement and Management[J]. Risk, 1999, 12(1): 68-73.
[10] Ramona Dzinkowski. The Measurement and Management of Intellectual Capital: An Introduction. Management Accounting, 2000(78): 32-36.
[11] Jorion P. Value at Risk: The New Benchmark for Controlling Market Risk[M]. New York: McGraw-Hill, 2000: 13-15.
[12] Amihud Y, Mendelson H. Liquidity and the Cost of Capital: Implications for Corporate Management[J]. Journal of Applied Corporate Finance, 1989, 2: 65-73.
[13] Black F. Noise[J]. Journal of Finance, 1986, 41: 529-543.
[14] Boudoukh J. The Best of Both Worlds:A Hybrid Approach to Calculating Value at Risk[J]. Social Science Electronic Publishing, 1998, 11(5):64-67.

教师反馈及教辅申请表

北京大学出版社本着"教材优先、学术为本"的出版宗旨,竭诚为广大高等院校师生服务。为更有针对性地提供服务,请您按照以下步骤在微信后台提交教辅申请,我们会在 1~2 个工作日内将配套教辅资料,发送到您的邮箱。

◎手机扫描下方二维码,或直接微信搜索公众号"北京大学经管书苑",进行关注;

◎点击菜单栏"在线申请"—"教辅申请",出现如右下界面:

◎将表格上的信息填写准确、完整后,点击提交;

◎信息核对无误后,教辅资源会及时发送给您;如果填写有问题,工作人员会同您联系。

温馨提示: 如果您不使用微信,您可以通过下方的联系方式(任选其一),将您的姓名、院校、邮箱及教材使用信息反馈给我们,工作人员会同您进一步联系。

我们的联系方式:

通信地址:北京大学出版社经济与管理图书事业部北京市海淀区成府路 205 号,100871
联 系 人:周莹
电　　话:010-62767312 /62757146
电子邮件:em@pup.cn
Q Q:5520 63295(推荐使用)
微信:北京大学经管书苑(pupembook)
网址:www.pup.cn